云南省研究生优质课程建设项目资助

森林培育学专题
——理论·技术·案例

王晓丽　曹子林　蔡年辉　姚增玉　李根前　著

中国林业出版社
CHINA FORESTRY PUBLISHING HOUSE

图书在版编目（CIP）数据

森林培育学专题：理论·技术·案例 / 王晓丽等著.
—北京：中国林业出版社，2021.11
ISBN 978-7-5219-1360-6

Ⅰ.①森…　Ⅱ.①王…　Ⅲ.①森林抚育—教材　Ⅳ.①S753

中国版本图书馆CIP数据核字(2021)第190557号

策划、责任编辑：曹鑫茹	责任校对：苏　梅
电　　话：（010）83143560	传　　真：（010）83143516

出版发行　中国林业出版社（100009　北京市西城区德内大街刘海胡同7号）
　　　　　E-mail:jiaocaipublic@163.com　电话：（010）83143500
　　　　　http://www.forestry.gov.cn/lycb.html
印　　刷　北京中科印刷有限公司
版　　次　2021年11月第1版
印　　次　2021年11月第1次印刷
开　　本　787mm×1092mm　1/16
印　　张　10.75
字　　数　240千字
定　　价　39.00元

未经许可，不得以任何方式复制或抄袭本书之部分或全部内容。

版权所有　侵权必究

前言

目前，林学专业本科生的"森林培育学"教学采用沈国舫主编的《森林培育学》（第1版和第2版）作为主要教材，森林培育专业学术型硕士的"森林培育学专题"教学则无教材可用，任课教师在授课过程中，只能依托本科生培养所用的统编教材，无法很好地体现课程的地区分异性和前沿动态性。现行课程教学大多采用单一的讲授型教学方式，弱化了对学生思维能力和实践技能的培养，导致学生分析和解决实际问题的能力差。本教材在概述森林培育学知识体系及各主要研究内容中的关键理论和技术的基础上，重点介绍了森林培育学研究的综合性、代表性成果以及单项研究成果，同时积极探索引入具有区域特色的、可将理论与技术有机结合的、可反映本学科研究前沿的典型案例，在提升课程高阶性和创新性的同时，提高课堂教学效率，提升学生的创新思维能力和解决实际问题的综合实践技能。

本教材由12章构成。第1章主要概述森林培育学知识体系及各主要研究内容中的关键理论和技术，提出森林培育学研究的代表性成果；第2~12章，分专题依次重点介绍了森林培育学研究的综合性、代表性成果以及单项研究成果，包括林木种子休眠及催芽处理、林木种子贮藏、容器育苗、林木组培快繁育苗、林木良种壮苗繁育、能源林培育、无性系林业、林木化感作用、径流林业、近自然林业、森林衰退及其防治。

本教材由王晓丽、曹子林、蔡年辉、姚增玉、李根前共同编写完成，大家均参加了教材大纲的讨论，并提出了很多宝贵意见。王晓丽负责教学内容体系的设计、案例材料的提供和教学案例的撰写、统稿和最后定稿工作。教材编写过程中，参考和引用了大量的文献资料，在此向作者致以真诚的感谢。

本教材内容主要包括森林培育学研究的综合性、代表性成果以及单项研究成果，同时辅以相应的教学案例和案例教学的课堂设计，可作为林学专业本科生专业能力提升的教材，亦可作为森林培育专业学术型硕士研究生、林学专业硕士研究生（森林培育方向）"森林培育学专题"课程的教材。限于编写水平和编写时间，不足和疏漏之处，敬请指正。

王晓丽

2021年9月

目 录

前 言

第 1 章 森林培育学概说及案例教学的必要性

1.1 森林培育学的研究内容（知识体系） ………………… 2
1.2 森林培育学研究的代表性成果 ………………………… 3
1.3 森林培育学研究成果的推广应用 ……………………… 4
1.4 森林培育学研究的前景展望 …………………………… 5
1.5 森林培育学案例教学的必要性 ………………………… 6
1.6 小结 …………………………………………………… 7

第 2 章 林木种子休眠及催芽处理专题

2.1 林木种子的成熟 ……………………………………… 10
2.2 林木种子的休眠 ……………………………………… 10
2.3 林木种子的萌发 ……………………………………… 10
2.4 林木种子的催芽 ……………………………………… 11
2.5 林木种子催芽处理的案例教学 ………………………… 13
2.6 小结 …………………………………………………… 17

第 3 章 林木种子贮藏专题

3.1 林木种子的寿命 ……………………………………… 20
3.2 林木种子的分类 ……………………………………… 20
3.3 林木种子的贮藏 ……………………………………… 21
3.4 林木种子贮藏的案例教学 ……………………………… 24
3.5 小结 …………………………………………………… 27

第4章 容器育苗专题

- 4.1 容器育苗概述 ·········· 30
- 4.2 常规容器育苗 ·········· 30
- 4.3 轻基质网袋容器育苗 ·········· 31
- 4.4 林木容器育苗的案例教学 ·········· 33
- 4.5 小结 ·········· 38

第5章 林木组培快繁育苗专题

- 5.1 林木组培快繁育苗概述 ·········· 40
- 5.2 实验室与设备及基本操作技术 ·········· 40
- 5.3 林木组培快繁育苗技术 ·········· 42
- 5.4 林木组培快繁的案例教学 ·········· 45
- 5.5 小结 ·········· 50

第6章 林木良种壮苗繁育专题

- 6.1 林木良种生产 ·········· 52
- 6.2 林木壮苗培育 ·········· 54
- 6.3 林木良种壮苗繁育的案例教学 ·········· 55
- 6.4 小结 ·········· 63

第7章 能源林培育专题

- 7.1 生物质能源概述 ·········· 66
- 7.2 我国能源林发展历史及概况 ·········· 67
- 7.3 我国能源林的主要特点、存在问题、发展原则及发展策略 ·········· 68
- 7.4 能源树种调查、区划及良种繁育 ·········· 69
- 7.5 能源林培育与可持续经营 ·········· 70
- 7.6 能源林培育的案例教学 ·········· 72
- 7.7 小结 ·········· 77

第8章 无性系林业专题

- 8.1 无性系林业及其优越性 ·········· 80
- 8.2 无性系林业产生的背景及发展趋势 ·········· 81
- 8.3 优良无性系选育及其栽培技术体系 ·········· 82
- 8.4 发展无性系林业的生物学障碍及其克服途径 ·········· 83
- 8.5 无性系林业的案例教学 ·········· 85
- 8.6 小结 ·········· 91

第9章 林木化感作用专题

9.1 化感作用概述 …… 94
9.2 化感物质及其作用机制 …… 96
9.3 逆境下的化感物质产生及其机理 …… 97
9.4 化感作用的应用 …… 98
9.5 林木化感作用的案例教学 …… 100
9.6 小结 …… 104

第10章 径流林业专题

10.1 干旱问题 …… 106
10.2 径流林业的概念与本质含义 …… 106
10.3 径流林业的研究历史与回顾 …… 108
10.4 径流林业相关理论与技术研究进展 …… 110
10.5 径流林业研究的发展趋势 …… 114
10.6 径流林业的案例教学 …… 116
10.7 小结 …… 121

第11章 近自然林业专题

11.1 近自然林业产生的背景 …… 124
11.2 近自然林业的理论核心 …… 126
11.3 近自然林业的实践 …… 127
11.4 近自然林业的案例教学 …… 128
11.5 小结 …… 134

第12章 森林衰退及其防治专题

12.1 森林衰退概述 …… 136
12.2 森林衰退现象 …… 136
12.3 森林衰退原因 …… 137
12.4 森林衰退机理 …… 138
12.5 森林衰退防治对策和措施 …… 141
12.6 森林衰退及其防治的案例教学 …… 142
12.7 小结 …… 146

参考文献 …… 147

第 1 章

森林培育学概说及案例教学的必要性

森林培育学以前称为造林学（21世纪之前），直译自德语waldbau。其中，wald意为森林、bau意为建造。waldbau对应的英文单词为silviculture，译为森林培育学（沈国舫，2001）。从内涵看，森林培育学就是研究森林培育理论和技术的学科（是林学的主要二级学科）。从外延看，森林培育学研究在自然、人为干扰下，如何恢复森林植被并维持或提升森林生态系统正常运行能力的理论和技术。森林培育学拥有丰富的研究内容，取得了丰硕的研究成果，面对新时期的机遇和挑战，必将具有更加辉煌的前景。

1.1 森林培育学的研究内容（知识体系）

森林培育学的研究内容包括种子生产、苗木培育、森林营造、森林抚育和主伐更新（沈国舫，2001）。

种子生产是指生产培育苗木或营造森林所用的有性及无性繁殖材料的理论和技术。种子生产研究内容主要有林木良种的生产（母树林、种子园和采穗圃）、林木种子的采收（生理成熟、形态成熟和生理后熟）、林木种子的贮藏（环境调控、安全含水率）、林木种子的催芽（休眠类型、催芽方法）、林木种子生产新技术（种子包衣、种子引发、等离子体处理、高静水压处理、超低温贮藏和超干燥贮藏）。

苗木培育是使繁殖材料在适宜环境下萌发和生长形成苗木的理论和技术。苗木培育研究内容主要有播种育苗（种子萌发成苗机理）、营养繁殖育苗（方法、机制、关键技术、遗传效应及其生物学障碍）、工厂化育苗（容器、基质和设施）、苗木质量评价（形态指标和生理指标）、苗木生长节律及其促成培育（水、肥、光照和温度调控以及菌根菌或根瘤菌接种）。

森林营造是将苗木按既定设计栽植形成幼林的理论和技术。森林营造研究内容主要有立地分类（立地质量评价、立地指数、地位级）、树种选择（选择原则、适地适树、适地适群落）、林地整理（整地的作用、方式、方法）、栽植技术（裸根苗的三埋两踩一提苗）、结构调控（水平结构、垂直结构）、造林技术综合运用（如径流林业）。

森林抚育是通过对幼树或林木进行管理以及对林地进行管理，从而使幼树尽快郁闭成林并促进林木生长的理论和技术。森林抚育研究主要内容有林地管理（松土除草、施肥、灌水、排水、增加和保护林内凋落物）、林木抚育（修枝、摘芽、除蘖）、抚育采伐（林木分化和自然稀疏、林木分级、抚育采伐种类和方法、抚育采伐技术要素）。

主伐更新是合理采收木材并完成更新以保证森林资源的再生性的理论和技术。主伐更新的研究内容主要有森林采伐方法（皆伐、渐伐、择伐）、森林更新方法（天然更新、人工更新、人工促进天然更新）、森林主伐与更新技术（采伐方式、采伐强度、应伐木、更新方法）。

1.2 森林培育学研究的代表性成果

森林培育学研究的代表性成果有无性系林业、径流林业、近自然林业、林木化感效应、森林衰退及其防治等。

无性系林业将优良无性系选育及其高效栽培结合起来，涉及森林培育、林木遗传育种、植物生理（生化）等知识，是人工工业林发展的潮流。无性系林业的主要研究内容有优良无性系选育技术体系（确立育种群体、选择优良单株、优良单株无性系化、建立初级采穗圃、无性系测验、改良采穗圃、良种推广应用、高级采穗圃）和优良无性系栽培技术体系（种植区划、多无性系混合造林、短周期栽培、定向培育）（康向阳，2017；2018）。

林木化感效应涉及植物学、化学生态学、土壤学、细胞学、森林培育学、林木遗传育种学、森林生态学等知识，是林业研究多学科交叉模式的典范。化感作用是由德国科学家 Molish 于 1937 年首次提出的，用以表达不同种属间的植物在化学方面的相互作用，这种相互作用包括相互有益的作用，也包括抑制和有害的作用，同时，自毒作用也是化感作用的一方面。化感效应研究的主要内容有化感物质分离鉴定、化感作用环境影响因素、化感作用机理、化感作用活性剂量、化感作用应用（赵福庚等，2004）。

径流林业将造林技术与节约用水、高效用水（水分时空调节）结合起来，涉及森林培育学、森林生态学、植物生理生态学等知识，是旱区林业可持续发展的新模式。径流林业的主要研究内容有旱区林地土壤水分平衡的长期维持，避免林分生产力、林地土壤水分衰退；加大水分输入（尤其是地表径流的汇集和保蓄），减少无效蒸散，提高土壤水分植被承载能力；建立"土壤水分植被承载力"模型，用于调控造林密度、林分密度及林分生产力；以水量平衡为核心的相关理论与技术研究（李吉跃等，2011；王斌瑞等，2001；王百田，2010）。

近自然林业要求充分利用森林生物共栖生态规律和森林植被演替规律（地带性和阶段性），放弃皆伐而改用择伐，推行天然更新并保持合理的密度，使同龄纯林逐步过渡为接近天然的复层异龄混交林，并使其在组成、结构、功能和生态学过程尽量接近天然的混交林。这一理念充分尊重自然规律，并要求尽量利用自然规律和自然力，与"人定胜天"相比，这是"天人合一"的理念。近自然林业是森林多功能经营模式的典范。近自然林业的技术要点有实施多效经营、注重择伐与天然更新、单株利用、培育混交林、采伐量与蓄积量平衡、保护生物多样性、反对以播种—收获—播种程序经营森林（郭诗宇等，2020；周飞梅等，2020；李明勇，2019；朱国荣，2018）。

森林衰退及其防治是森林培育的研究重点之一。森林衰退为森林在生长发育过程中出现的生理机能下降、生长发育滞缓或死亡、生产力降低以及地力衰退等状态，森林衰退具有复杂的无序性，它起源于多种胁迫对林分的作用，表现为林木生长力下降甚至死亡。森林衰退研究的重点是搞清各地森林的衰退原因并加以解决，要具体问题具体分析，不要把一般的森林衰退原因，套用到各个森林中去。森林衰退及其防治的主要研究内容有森林衰退的现象及后果、天然林衰退的原因分析、人工林衰退的原因分析、森林衰退的症状诊断、天然林衰退防控的根本对策和途径、人工林衰退防控的根本对策和途径（朱教君等，2007；常新东，1995；杨传贵等，2000）。

除了上述综合性、代表性成果以外，森林培育还有许多单项研究成果或技术成果，如种子催芽及贮藏、容器育苗、组培育苗、良种壮苗繁育和能源林培育等。

1.3 森林培育学研究成果的推广应用

六大林业重点工程是我国森林培育学研究成果推广应用的典型实例。林业生态工程是指根据生态学、林学及生态控制论原理，设计、建造与调控以木本植物为主体的人工复合生态系统的工程技术，其目的在于保护、改善与持续利用自然资源与环境。六大林业重点工程的意义在于发挥森林作为"大自然总调度室"的作用，同时，提高我国森林资源的蓄积量，满足国民经济各部门对森林资源的需求。六大林业重点工程是我国再造秀美山川的战略工程，规划范围覆盖了全国97%以上的县，规划造林任务超过$0.74 \times 10^8 hm^2$，工程范围之广、规模之大、投资之巨为历史所罕见。六大林业重点工程具体为：天然林资源保护工程、退耕还林工程、京津风沙源治理工程、三北和长江中下游地区等重点防护林体系建设工程、野生动植物保护及自然保护区建设工程、重点地区速生丰产用材林基地建设工程（沈国舫，2001；陈祥伟等，2005）。

天然林资源保护工程，主要解决天然林的休养生息和恢复发展问题。工程实施范围包括长江上游、黄河上中游地区和东北、内蒙古等重点国有林区的17个省份的734个县和167个森工局。1998年，我国的天然林资源保护工程开始试点，2000年全面实施，此工程为世界上规模最大的天然林资源保护工程。从2000—2010年主要实现三大目标：切实保护好现有森林资源（$1.07 \times 10^8 hm^2$天然林），全面停止长江上游、黄河上中游地区天然林采伐；加快森林资源培育步伐，大幅度调减东北、内蒙古等重点国有林区的木材产量；妥善分流安置富余林业职工74万人。

退耕还林工程，是涉及面最广、政策性最强、群众参与度最高的再造秀美山川的关键工程，主要解决重点地区的水土流失问题。工程覆盖了中西部所有省份及部分东部省份。工程从1999年试点，规划在2001—2010年间，退耕还林$0.15 \times 10^8 hm^2$，宜林荒山荒地造林约$0.18 \times 10^8 hm^2$。工程建成后，工程区增加林草覆盖率5个百分点，水土流失控制面积13亿亩，防风固沙控制面积$1.03 \times 10^8 hm^2$。工程要求坡度25°以上的坡耕地，实施退耕还林，农户每退耕$0.067 hm^2$山田，国家给予一定数额的钱粮补助，这种补助将持续8年。

京津风沙源治理工程，主要解决首都周围地区的风沙危害问题。2000年春，西北、华北地区连续发生了12次扬沙和沙尘暴天气，坝上高原的流动沙丘，距离北京的直线距离已经不足200km，如不能有效治理，北方风沙将逼近北京。2002年京津风沙源治理工程启动，计划10年间，在北京、天津、河北、山西和内蒙古5省份的75个县，规划治理$0.067 \times 10^8 hm^2$沙荒，涉及总面积为$46 \times 10^4 km^2$，以期从根本上遏制威胁京津地区的风沙。

三北和长江中下游地区等重点防护林体系建设工程，这是我国覆盖面最大的防护林工程。囊括了三北地区、沿海、珠江、淮河、太行山、平原地区和洞庭湖、鄱阳湖、长江中下游地区的防护林建设。工程计划造林$2.27 \times 10^8 hm^2$，并对$11.87 \times 10^8 hm^2$森林实行有效保护。主要解决三北地区防沙治沙问题和其他地区各不相同的生态问题。三北防护林体系工程在六大林业重点工程中是最早启动实施的工程，1978年开始启动，计划到2050年结束，分三个阶段八期工程，总工期73年。该工程横跨我国的东北西部、华北北部和西北大部分地区，东西长达4 480km，南北宽560~1 460km，覆盖中国的八大沙漠、十大沙地和茫茫戈壁，总面积$406.9 \times 10^4 km^2$，其规模和投资与美国的"罗斯福工程"、苏联的"斯大林改造大自然计划"、北非五国的"绿色坝工程"相比，堪称世界生态工程之最！

野生动植物保护及自然保护区建设工程，主要解决物种保护、自然保护、湿地保护等问题。工程实施范围包括全国具有典型性及代表性的自然生态系统、珍稀濒危野生动植物的天然分布区、生态脆弱地区和湿地地区等。该工程2000年启动，计划10年间，使全国自然保护区总数达到1 800个，其中国家级220个，自然保护区面积占国土面积的比例达到16.14%；建成15个国家野生动植物资源基因库，建成野生动植物国家科研体系和有关监测网络。

重点地区速生丰产用材林基地建设工程，主要解决木材供应问题，减轻木材需求对森林资源的压力。重点地区速生丰产用材林基地建设工程启动于20世纪末，工程布局于我国400mm等雨量线以东的18个省份的886个县114个林业局、场，计划在2001—2015年间，分三期建立速生丰产用材林基地近$0.14 \times 10^8 hm^2$。工程建成后，提供的木材约占我国当时商品材消费量的40%。

1.4 森林培育学研究的前景展望

森林培育学研究面对新时期难得的机遇，具有广阔的发展前景。目前面临的大好机遇主要有林业生态工程建设、生态效益补偿（森林公益效能计量法、碳交易）评价、生态文明（社会进步与环境改善协调发展）建设和绿水青山就是金山银山（绿色经济、开发利用）的发展理念与实施措施。今后可从以下方面加强研究，如林木良种化（良种率、遗传增益、遗传资源保存与利用）、组培繁殖（微扦插、技术体系开发、单倍体诱导）、结构调控（造林密度、纯林改造、天然林抚育）、森林更新（更新障碍、防护林的持续更新）、森林培育如何应对全球气候变化（环境退化）、森林培育相关机制的学科交叉与融合。

1.5 森林培育学案例教学的必要性

目前，森林培育学教学采用沈国舫等主编的《森林培育学》作为主要教材。由于我国幅员辽阔、植被类型复杂，林业生产技术具有较强的区域特色；同时伴随新理论、新技术和新方法的不断涌现和使用，学科知识体系具有一定的发展变化性，从而使得任课教师在使用该教材授课过程中，无法更好地体现课程的地区分异性和前沿动态性。现行课程教学大多采用单一的"讲授型"教学方式，长时间枯燥的理论教学使学生产生视觉和听觉疲劳，学习积极性不高，参与意识不强，从而弱化了对学生思维能力和实践技能的培养，无法形成真正的职业能力（郑健，2017）。导致学生毕业后，分析和解决实际问题的能力差，很难得到林业生产单位和社会的认可，就业满意率不高。

案例教学就是根据教学目的要求，组织学生对典型案例开展分析、讨论和交流，加深学生对基本原理和概念的理解，提高学生分析和解决问题的能力（韦传慧，2019；晏福宝，2018），当前在商科的教学中该法被广泛采用（罗纯等，2018；兰霞萍等，2017；孙玉红，2019）。鉴于案例教学对学生职业能力培养的针对性和重要性，本书积极探索引入具有区域特色的、可将理论与技术有机结合的、可反映本学科研究前沿的典型案例，在提升课程高阶性和创新性的同时，提高课堂教学效率，提升学生的创新思维能力和解决实际问题的综合实践技能。

在林业领域相关课程教学研究中，目前仅见案例教学在林学专业"遗传学"教学中的应用研究报道（王钦美等，2017）。在林学专业"森林培育学"教学中，目前有见微课辅助理论教学、网络理论课程和虚拟仿真实验课程建设与教学等方面的研究报道（孙广仁等，2008；李树斌等，2016；陈祖静等，2018），未见案例教学应用方面的相关研究。在森林培育专业学术型硕士的"森林培育学专题"教学中，也未见案例库构建和案例教学应用方面的研究报道。案例教学的核心内容包括教学设计（案例材料的选取和案例的课堂设计）与组织实施（教学的组织实施和教学效果分析评价）。依据陈萧（2018）和赵秀华（2019）提出的案例材料选取中应遵循的标准和原则（典型性、情境性、问题性、实践性和启发性），同时结合宋耘（2018）和王钦美等（2017）提出的案例教学组织实施中需重点关注的内容（充分的课前准备、多种形式的课堂教学和严谨的点评考核），本书选取西南地区广泛分布的树种为案例教学的树种，将这些树种与森林培育学相关的理论与技术研究内容作为案例材料；通过有梯度的问题设置，以及课中讨论的及时引导，深挖案例；结合优化的教学组织实施和有效的教学效果分析评价，构建案例库的同时，实现森林培育学/森林培育学专题的案例教学。

1.6 小结

本章在介绍森林培育学知识体系的基础上，对各主要研究内容（种子生产、苗木培育、森林营造、森林抚育和主伐更新）中的关键理论和技术进行了总结；同时，汇总并简要介绍了森林培育学研究的综合性、代表性成果（无性系林业、径流林业、近自然林业、林木化感效应、森林衰退及其防治）以及单项研究成果（种子催芽及贮藏、容器育苗、组培育苗、良种壮苗繁育和能源林培育）；并进一步介绍了上述成果推广应用的典型实例——我国六大林业重点工程（天然林资源保护工程、三北和长江中下游地区等重点防护林体系建设工程、退耕还林工程、京津风沙源治理工程、野生动植物保护及自然保护区建设工程、重点地区速生丰产用材林基地建设工程）；最后，结合新时期难得的机遇，展望了森林培育学研究的大好前景，使学生对森林培育学的课程体系、研究成果、应用现状及发展前景有了一个系统的认识。另外，考虑到森林培育学的课程特点和现行课程教学中存在的问题以及案例教学的优势，简要阐释了森林培育学案例教学的必要性。

第 2 章

林木种子休眠及催芽处理专题

2.1 林木种子的成熟

根据林木种子成熟时的特征和状态,把种子的成熟分为生理成熟和形态成熟,有的树种种子还具有生理后熟(沈海龙,2009)。种胚发育到具有发芽能力时的状态称为生理成熟。种子外部形态呈现成熟特征时的状态称为形态成熟。种子外部形态呈现成熟的特征但不具备发芽能力的状态称为生理后熟。种子发生生理后熟的主要原因有含有抑制萌发的物质和/或胚形态不成熟。生理成熟、形态成熟、生理后熟各状态的种子具有其相应的特征、抗性和贮藏性。林木种子生产通常以完成形态成熟作为采种的依据(沈国舫,2001)。

2.2 林木种子的休眠

具有正常生活力的种子,在适宜的环境条件(温度、水分、光照、氧气等)下仍不能萌发的现象称为种子休眠(沈海龙,2009)。种子成熟时,可能直接萌发(树上发芽)、处于静止状态(种子已具有发芽能力,但由于未得到发芽所需的适宜条件而不萌发,不是真正意义的休眠)或休眠状态。种子休眠是植物对逆境的适宜,有利于物种的保存和繁衍。林木种子休眠,根据休眠产生的时间可分为初生休眠和次生休眠,根据休眠的程度可分为浅休眠、中度休眠和深休眠,根据休眠因素在种子中的解剖位置可分为外源休眠、内源休眠和综合休眠(沈海龙,2009)。

目前,种子休眠机理研究主要集中在激素调控论、呼吸途径论、光敏素调控论、膜相变化论和基因因素论等方面(沈海龙,2009)。激素调控论认为种子休眠不仅是因为脱落酸(ABA)存在,也可能是因为赤霉素(GA)和细胞分裂素(CK)缺乏,在ABA存在时,CK的存在是必要的,GA是主要的调节因子。呼吸途径论认为如果种子需氧呼吸代谢的三羧酸循环途径(TCA)过强,消耗可利用的有效氧过多,则会抑制其他需氧的代谢,从而导致种子休眠。光敏素调控论认为种子的萌发或休眠均取决于萌发时种子内所建立起来的Pfr含量和Pfr/(Pfr+Pr)的比值,其中Pfr为光敏素蓝色蛋白的活化型,Pr为光敏素蓝色蛋白的钝化型。膜相变化论认为温度导致膜相的变化而影响休眠状态,低温呈凝胶态,较高温度呈流体态。基因因素论认为休眠是由于DNA/RNA活性下降或受到抑制,或缺少mRNA引起的。

2.3 林木种子的萌发

从干种子开始吸胀到胚根伸长为止的一系列生理活动过程称为种子萌发。种子发芽完成的可见标志是胚根从其周围的结构中生长出来。种子萌发过程可分为3个阶段：吸胀阶段、停滞阶段及胚根伸出阶段（沈海龙，2009）。种子吸胀过程是亲水性物质吸水使体积膨大的物理过程，非活细胞的生理过程。吸胀阶段后种子即进入吸水滞缓期，停滞阶段的活种子或无休眠种子，膜系统和细胞器得到修复，酶系统开始活化，代谢旺盛起来，胚根开始生长，为可见的发芽做准备；死种子或休眠种子则保持在停滞阶段而不继续生长和发芽。胚细胞加速分裂和分化，当胚根、胚芽伸出种皮并发育到一定程度时，为可见的发芽，即为胚根伸出阶段。

种子萌发需具备的条件，一是种子本身具有生活力并完成了休眠，二是有适当的外界条件，诸如足够的水分、适宜的温度、充足的氧气和光照（沈海龙，2009；沈国舫，2001）。种子萌发的激素调控研究认为 ABA 具有诱导 / 维持种子休眠，抑制种子萌发的效应；GA 具有解除种子休眠，促进种子萌发，拮抗 ABA 的作用；乙烯通过阻碍 ABA 信号以促进种子萌发，拮抗 ABA；油菜素内酯（BR）有类似于 GA 的作用效应，也会促进乙烯的合成，具有促进种子萌发的作用；CK 通过促进乙烯的合成来促进种子的萌发和休眠的解除。

2.4　林木种子的催芽

种子催芽是指用人为的方法打破种子休眠，并使种子胚根露出的一种处理（沈海龙，2009）。种子催芽可以促进种子萌发，提高发芽势和发芽率，增强苗木抗性，提高苗木产量和质量。林木种子催芽的方法有层积催芽、无基质层积、水浸催芽、药剂浸种催芽、种子引发、高静水压处理和等离子体处理等（沈海龙，2009；沈国舫，2001；邢燕等，2009）。

层积催芽是将种子与湿润的介质混合或分层放置，在一定的温湿度下，放置一定时间，以促进种子萌发的方法，此方法适用于休眠种子（沈海龙，2009；沈国舫，2001）。层积催芽可使种皮软化，通透性增加；降低种子内抑制萌发物质（ABA）含量，增加促进萌发物质（GA 和 CK）含量；胚完成了分化或长大；种子生理代谢活动增强。多数树种的层积催芽需要较低的温度（4℃左右）、一定的湿度（饱和含水量的60% 左右）和良好的通气条件。层积催芽多通过室外种子催芽窖完成，催芽时间因树种而异（大多 1~6 个月，长则 10~12 个月）。

无基质层积催芽即种子层积过程中无须基质（介质），将预处理过的种子装在容器中，放置于冷藏箱中层积一定时间的方法。种子预处理的方法为将种子置于纱网袋中，将网袋放入桶中经流水冲洗 48h 左右，然后取出网袋，将多余的水滴出，而后即可将种子置于容器（塑料袋）中，进行层积处理（沈海龙，2009）。经无基质层积处理后的种子，播种育苗效果无异于基质层积处理，且种子（非休眠状态）也可干燥后保存，此为优于基质层积处理之处。

水浸催芽是将种子浸泡在水中一定时间以促进种子萌发的方法。水浸催芽有温水浸种催芽和热水浸种催芽（沈海龙，2009；沈国舫，2001）。温水浸种催芽是用始温45℃的水浸种24h或48h（依据种粒大小和种皮厚度确定）。温水浸种催芽适用于静止状态的种子。热水浸种催芽是用始温90℃的水浸种，放入种子后需不停搅动，以使种子受热均匀，待自然冷却至室温，可将种子捞出。热水浸种催芽适用于种皮坚硬，含有硬粒的种子。

药剂浸种催芽是指用化学药剂、微量元素、植物外源激素溶液浸种，以解除种子休眠，促进种子萌发的方法（沈海龙，2009）。化学药剂常用的有小苏打（适用于种壳坚硬且有蜡质的种子）、浓硫酸（适用于种壳坚硬的种子）等。微量元素常用的有锰、锌、铜等。植物外源激素常用的有GA、萘乙酸（NAA）、吲哚丁酸（IBA）、吲哚乙酸（IAA）等（适用于抑制物质含量高为主因的休眠状态的种子）。

种子引发是控制种子缓慢吸收水分，并使其停留在吸胀的第二阶段，让种子进行预发芽的生理生化代谢和修复活动，促进细胞膜、细胞器、DNA的修复和酶的活化，处于准备发芽的代谢状态，但防止胚根的伸出。种子引发属于种子催芽的范畴，引发处理可提高陈种子和未成熟种子的活力，提高发芽和出苗的一致性，提高逆境下的出苗，提高苗的抗逆性和产量（史威威等，2007；王彦荣等，2004）。种子引发适用于除深休眠（如胚未分化或胚太小）之外的大多数植物种子。种子引发的方法主要有液体引发、滚筒引发、固体引发、生物引发等（邢燕等，2009；陈磊等，2008）。

高静水压处理是指将种子用等静压机以一定的压力处理一定的时间，即对种子完成了催芽处理的方法。压力与温度一样，是影响化学反应速度及平衡的基本热力学变量，压力会引起各种生理生化的变化（李桂双，2003）。高压对植物种子（尤其是硬种皮种子）的发芽、幼苗生长、抗逆性等有显著促进作用（梁灵等，2005）。高压造成的植株形态上的变异可稳定的遗传（白成科等，2003）。高静水压处理适用于除深休眠（如胚未分化或胚太小）之外的大多数植物种子。

等离子体处理是借鉴航天育种宇宙射线对种子影响的物理原理，用等离子体（是由带负电荷的粒子、带正电荷的粒子和不带电荷的粒子所组成的电离状态的气体物质，其中正电荷和负电荷电量相等故称等离子体）种子处理机设定不同剂量磁化等离子体对种子进行处理的一种方法（许根慧等，2006）。经等离子体处理的种子生命力被激活，在不发生基因改变的情况下，使种子的离子交换能力和酶的转化能力增强，从而提高种子的发芽率和发芽势、提高苗的生长量和抗逆性，提高植物经济产量和品质（尹美强等，2010；张丽华等，2007；武志海等，2007）。

2.5 林木种子催芽处理的案例教学

2.5.1 案例材料的选取

针对西南林业大学森林培育专业学生以云南生源为主的特点，立足身边选大家熟悉的树种作为案例教学的树种，以该树种种子特点及其催芽处理方法作为案例教学材料，引导学生思考和讨论其所见所闻的树种种子如何进行催芽，进而实现综合运用所学的"森林培育学"的相关理论与技术，提高学生解决实际问题的能力，是林木种子催芽处理专题案例教学的根本目标。要实现该专题案例教学的上述目标，适宜案例材料的选取则是其中的首要任务，本书作者长年在我国西南地区从事森林培育的教学和科研工作，根据对云南松（*Pinus yunnanensis*）、旱冬瓜（*Alnus nepalensis*）、车桑子（*Dodonaea viscosa*）、银杏（*Ginkgo biloba*）、华山松（*Pinus armandii*）、柚木（*Tectona grandis*）、白枪杆（*Frxinus malacophylla* Hemsl.）等树种种子特性的研究，认为这几个树种种子是非常合适的案例材料。

云南松种子和华山松种子没有真正意义上的休眠现象，种子完成形态成熟后即进入静止状态，这两个树种种子的共同特点是：种子从球果中脱出时都具有种翅，但种子调制时种翅都容易被去掉，且种壳都比较坚硬（图2-1、图2-2）。旱冬瓜自然脱落的种子无休眠特性，但旱冬瓜种子属于特小粒种子，若等其自然脱落则很难收集，生产上往往采集未完成形态成熟的果序，因此采种时果序的成熟度会影响种子的休眠程度（图2-3）。车桑子种粒小且种壳坚硬致密，外界环境中的水分和氧气很难进入种子内部，因此种子发芽困难（图2-4）。银杏肉质果外部形态成熟完成后，种子并未完成其生理成熟，主要表现为种胚未发育完全，即种胚太小，只有其完全成熟时的1/3左右（图2-5）。柚木种粒大且种壳坚硬致密，种壳特性与车桑子有共同之处，即外界环境中的水分和氧气很难进入种子内部，因此种子发芽困难（图2-6）。白枪杆种子是翅果，且种子调制时种翅难以被去掉，种翅的存在导致种子发芽过程中发霉比较严重（图2-7）。

a. 云南松球果　　　　　　b. 云南松种子（带种翅）　　　　　　c. 云南松种子（去种翅）

图2-1　云南松球果和种子

a. 华山松球果　　　　　　　　　b. 华山松种子

图 2-2　华山松球果和种子

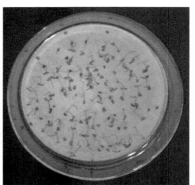

a. 旱冬瓜果序　　　　　b. 旱冬瓜种子　　　　　c. 旱冬瓜种子萌发

图 2-3　旱冬瓜果序和种子

a. 车桑子蒴果　　　　　　　　　b. 车桑子种子

图 2-4　车桑子蒴果和种子

2.5.2　案例的课堂设计

第一，明确本案例教学的学习目标：学会综合运用森林培育学中的林木种子生产的理论和技术来理解并解决种子休眠及催芽的问题。总的学习目标可以分解为以下 4 个具体目

a. 银杏肉质果

b. 银杏种子

图 2-5　银杏肉质果和种子

图 2-6　柚木种子

图 2-7　白枪杆种子

标：①认知林木种子萌发所需的条件，理解种子休眠对播种造林和实生苗培育的影响，明确种子催芽的必要性；②深入理解种子休眠的类型及其休眠机理，认知不同的林木种子其休眠的原因可能不同，实际工作中需具体问题具体分析；③认知林木种子的催芽方法及其各自适用的休眠类型，以便有针对性地选取适宜的催芽方法解决不同原因引起的种子休眠问题；④认知不同催芽方法各自的关键技术要点，以优化的具体方案打破种子休眠，促进种子萌发和苗木生长及其抗逆性。

第二，设计引发讨论的问题如下（按问题提出的顺序列出）：①大家认识或见过哪些植物或林木种子呢？知道这些植物或林木种子有什么特点（外部形态、发芽特性等）吗？这几个问题交流讨论之后，学生会对常见的某些植物或林木种子的特点有了一个比较全面的认知。②针对有的植物或林木种子发芽困难的问题,具体引起其发芽障碍的原因是什么呢?这个问题交流讨论之后,会引出林木种子休眠的现象、类型和机理,但是种子休眠类型和机理分析可能会不全面,此时需要教师进行补充讲解。③我们可以采取什么措施来解决林木种子发芽困难的问题呢?这个问题交流讨论之后,会引出种子催芽的概念、方法和机理,但是种子催芽方法和机理分析可能会不全面,此时需要教师进行补充讲解。④常见的林木种子催芽方法,实际应用时,其关键的技术要点分别是什么呢?这个问题交流讨论之后,常见催芽方法中的具体关键技术要点会明晰起来。通过以上梯度问题的层层深入讨论,针对不同的林木种子休眠类型,相应的适宜催芽措施会非常明确。

第三,设计开场白如下:该案例教学采用直接向学生抛出问题的开场方式,简单明了,指向性强,引导学生通过有梯度的问题设置,层层深入,抽丝剥茧,将所学零散的知识点变成系统化的知识体系,以解决实际问题。

第四,板书规划如下:依据引发讨论的主要问题数目,将黑板分成4个区域,每个区域书写相应的讨论题目,题目下方记录学生回答的要点或关键词,以便教师最后归纳总结,同时也便于教师对学生的表现进行评价(宋耘,2018)。

2.5.3 案例教学的组织实施

一般认为,要实行案例教学,最好把学生人数控制在30人以内,即采取小班教学(王钦美等,2017)。目前,西南林业大学森林培育专业的"森林培育学专题"授课是以学术型硕士研究生的专业为单位,虽然每年该专业的人数不等,但人数基本在10~20人,完全可以满足小班教学的条件,无须再去划分小班。

西南林业大学森林培育专业"森林培育学专题"课程于研一上学期开设,将学生按照研究生入学考试科目"森林培育学"的成绩进行评分,按照综合评分由高到低将学生分为A(前25%)、B(中间50%)、C(后25%)3类,分别抽取A类1名、B类2名和C类1名组成一组,学生分组尽可能采用男女搭配ABBC原则(王钦美等,2017)。

本案例教学的实施采用讨论式。其操作流程:教师在展示案例材料的同时,直接抛出问题—学生以小组为单位进行讨论—小组陈述引发班级交流(期间教师注意引导讨论的逐步推进)—教师归纳总结并点评。

2.5.4 教学效果分析评价

学期末,调查、分析和评价案例教学的效果。可以两年探索期为限,每年皆以森林培育专业硕士研究生班为授课对象,采用此案例教学。课程结束后,从学生的学习兴趣、系统掌握所学知识的情况、综合运用所学知识分析和解决问题的能力等方面设计调查问卷和综合性题目,请学生完成相关调查问卷和综合性题目,收集并汇总调查结果,分析评价案例教学的实施效果。《森林培育学专题》案例教学效果调查表见表2-1所列。

表 2-1 《森林培育学专题》案例教学效果调查表

调查项目	第 1 年探索期					第 2 年探索期				
	A	B	C	D	备注	A	B	C	D	备注
案例教学对提高听课兴趣的作用										
案例教学对提高讲课趣味性的作用										
案例教学对提高听讲易懂性的作用										
案例教学对了解"为什么做、怎么做、做了干什么"的作用										
案例教学对提高综合运用所学知识分析问题、解决问题能力的作用										
案例教学对学位论文构思的参考价值										
案例教学对了解研究现状和发展趋势的作用										
您对该案例教学中的案例丰富程度感受										

备注：A、B、C、D 为调查项目的评价等级，100~90 分为 A 等级，89~80 分为 B 等级，79~70 分为 C 等级，69 分以下为 D 等级，良好为 80 分以上。

2.6 小结

本章以林木种子休眠及催芽处理专题为教学内容，通过林木种子休眠及催芽处理主要相关理论与技术（林木种子成熟过程的特征、状态及其阶段划分；林木种子休眠的现象、类型及其机理；林木种子萌发条件及萌发过程阶段划分；林木种子催芽的作用、方法、适用条件及其关键技术要点）的课堂讲授，结合林木种子休眠及催芽处理案例教学（适宜案例材料的选取、详细的案例课堂设计、有序的案例教学组织实施和科学的案例教学效果分析评价）的课堂交流讨论，使学生在深入理解理论知识的基础上，熟练掌握催芽处理的关键技术，将理性认知和感性认知相结合，构建系统的种子休眠及催芽处理知识体系，解决林木种子生产、播种造林和苗木培育中的实际问题，提高学生分析和解决问题的能力，提升学生的专业能力和职业能力。

第 3 章

林木种子贮藏专题

3.1 林木种子的寿命

种子寿命是指种子在已定环境条件下保持生命力的期限，即种子能存活的时间，通常指整批种子发芽率降至原来（收获后）的50%时的期限。因此，种子寿命是一个群体概念（沈海龙，2009；沈国舫，2001）。种子寿命大致可分为长命种子（15年以上）、常命种子（3~15年）和短命种子（3年以下）3类。影响种子寿命的因素可分为内在因素和外在因素两类，内在因素主要有种子内含物的性质、种皮构造、种子含水率、种子安全含水率、种子成熟度和损失状况；外在因素主要有温度、空气相对湿度、通气条件和生物因素（沈国舫，2001）。

种子内含物质主要有脂肪、蛋白质和淀粉，通常富含脂肪和蛋白质的种子寿命比富含淀粉的种子寿命长。种皮坚硬致密或具蜡质的种子，外界环境中的氧气和水分很难进入种子内，种子内部代谢缓慢，种子寿命长。种子含水率高或安全含水率（种子保持其生命力所需的最低含水率）高，则种子内自由水含量高，因此种子内部代谢旺盛，种子表面微生物活跃，种子寿命短。充分成熟的种子，其含水率较低，种子寿命长。无损伤的种子，其种皮结构完整，对种子内部的保护作用更好，种子寿命长。

较低温度会降低种子内部代谢强度，因此低温环境（通常0~5℃）对延长种子寿命是有利的。成熟种子含水率较低，种子内部呈凝胶状态，极易从周围环境中吸收水分，因此空气相对湿度较低（50%以下）利于种子寿命的延长。通气条件良好，利于种子呼吸代谢产生的热量和水分的散失，避免种子对这些热量和水分的自我吸收，以便维持种子较低且稳定的代谢强度，以延长种子寿命。微生物、昆虫、鼠类等的数量大和活跃程度高，会缩短种子寿命。

3.2 林木种子的分类

Roberts（1973）根据种子的贮藏行为把种子分为正常性种子和顽拗性种子，Ellis等（1990；1991）认为在这两者之间还存在中间类型即中间型种子，种子的顽拗性是一个数量性状，具有连续性。

正常性种子在经成熟干燥期以后以较低含水量从母树上脱落，而且通常能不受损害地被进一步干燥至1%~5%的含水量（邓志军等，2008）。正常性种子具备这种特性，因此其能够较好地在干燥低温状态下进行长期贮藏。

顽拗性种子含水量相对较高（种子脱水死亡的临界含水量大体在10%~40%），不耐干燥，即使在湿润环境中贮藏寿命仍然很短，一般只有几周或几个月，俗称"短命种子"

(邓志军等，2008；李磊等，2016）。具顽拗性种子的植物主要来自两类：一类为水生植物，如茭白、菱等；另一类主要是具大粒种子的多年生木本植物，包括温带和热带的作物、水果、林木，如可可、红毛丹等。温带顽拗性种子不耐脱水，但可以在接近冰点的温度下贮藏若干年，热带顽拗性种子则对脱水和低温都敏感（Bonner，1990；文彬，2008）。由于顽拗性种子对脱水的敏感性，用常规的低温干燥条件很难有效这些种子，给长期贮藏带来极大困难。

中间型种子可以脱水到较低的含水量，从7%~20%（相当于风干种子含水量的上限），含水量下限因植物种而异，并且在这一下限之上种子寿命随含水量降低而提高，但进一步脱水则受害（文彬，2008）。这样顽拗性种子连续谱和正常性种子连续谱就被中间型种子联系了起来。

3.3　林木种子的贮藏

种子萌发需具备的条件，一是种子本身具有生活力并完成了休眠，二是有适当的外界条件，如足够的水分、适宜的温度、充足的氧气和光照（沈海龙，2009；沈国舫，2001）。种子贮藏则通过对种子调制和贮藏条件的调控，尽量减缓种子萌发，延长种子寿命，因此种子萌发和种子贮藏是两个相反的过程。林木种子贮藏的基本条件有两个方面：一是种子调制时，尽可能去除杂质且降低种子含水量至其安全含水量；二是贮藏环境条件调控时，通常适宜的贮藏温度为0~5℃，空气相对湿度为25%~50%，通气良好。

林木种子贮藏方法可分为传统贮藏方法和其他贮藏方法。传统贮藏方法主要包括干藏法、湿藏法和冷库贮藏（沈海龙，2009；沈国舫，2001）。干藏法是使种子在整个贮藏期间始终处于干燥环境中的贮藏方法，适用于安全含水率低的种子，分普通干藏法和密封干藏法。湿藏法是使种子在整个贮藏期间始终处于湿润环境中的贮藏方法，适用于安全含水率高的种子，分室外埋藏法、室内埋藏法和流水贮藏法。冷库贮藏是将种子放置于冷库中贮藏，使整个贮藏期间维持稳定的低温（0~5℃）环境。其他贮藏方法主要有超低温贮藏法和超干燥贮藏法。超低温贮藏是指在 –196~–80℃的超低温中保存种质资源的一套生物学技术，适用于顽拗性种子（刘艳萍等，2020；张晓宁等，2020）。超干燥贮藏是将种子水分降至5%以下，通过超干燥使种子在常温下的寿命得以延长的种子贮藏技术，适用于耐脱水的正常性种子（林坚等，2004；王晓丽等，2009；崔凯等，2012）。

3.3.1　超低温贮藏法

目前认为，顽拗性种子贮藏的最佳手段是进行超低温保存。由于在超低温状态下，顽拗性种子在适度的水分状态下，不仅能维持种子活力，而且能保持组织和细胞形态上及种质遗传的稳定性与完整性。顽拗性种子超低温贮藏的材料有种子、胚和胚轴。超低温保存是 20 世纪 70 年代发展起来的一项种子保存技术，常以液氮为冷源，因此超低温保存又称液氮保存（文彬，2011）。

超低温保存技术的理论基础为种质资源保存过程中，物质结构不发生或发生可逆性变化，但所携带的遗传信息保持稳定（陈晓玲等，2013；侯晓杰，2012）。生物的生长和发育都是一系列生物化学反应的结果，而这些生化反应均需以水作基质。若将细胞内液态水转变为固态或气态，那么一切生命过程均会停止；如果在细胞内的水相发生变化过程中，没有发生任何化学组成、物质结构变化，或发生变化但可逆，那么生物材料在细胞内液态水除去后将处于"假死"状态，当恢复到常态时，能保持正常细胞的活性、形态发生潜能，而且不发生任何遗传变异，因此可达到长期保存的目的。

在生物样品冰冻过程中，当缓慢降温时，首先细胞外水结冰，而细胞内尚未结冰，由此产生细胞内外蒸汽压差，如果降温速度适宜，可维持这一差值，细胞内水分不断向胞外排出而在胞外形成有规则的六角形冰晶，细胞存活；而当快速降温时，则细胞内水分来不及排出形成树枝状冰晶，这对细胞有致命性伤害；但当降温速度非常大时，细胞内形成对细胞不造成损伤的微小冰粒，随后这些小冰粒会围绕晶核生长成球形，细胞也不会死亡；若生物材料经高浓度的渗透性化合物处理后，快速投入液氮，这时由于细胞中溶液浓度太高而不可能形成冰晶，从而保持无定形状态，这种状态水分子不会发生重组，也就不会产生结构和体积变化，当然就保证了复苏后的细胞活力（侯晓杰，2012）。

超低温保存的主要程序：预处理→冷冻→贮存→解冻→培养。种质材料预处理通常是指对种质材料进行抗寒锻炼或预培养以及经冰冻保护剂处理。几乎所有的植物材料都需经过冰冻保护剂处理，超低温保存后方能存活。冰冻保护剂大体可分为两大类，一类是能穿透细胞的低分子质量化合物，如二甲基亚砜、各种糖类物质等；另一类是不能穿透细胞的高分子质量化合物，如聚乙烯吡咯烷酮、聚乙二醇等。冰冻保护剂处理种质材料的总原则是，保护处理必须保证细胞充分脱水，同时防止保护剂的毒害和渗透压造成细胞损伤（陈晓玲等，2013）。

种质材料冰冻方法有慢冻、快冻、分步冰冻、干冻、玻璃化冰冻等（陈晓玲等，2013；赵跃平等，2012）。慢冻是指以 0.1~10℃/min 速度进行降温，然后将样品投入液氮贮存。快冻是将材料直接投入液氮或其蒸汽相，快冻降温速度为 1 000℃/min，易使植物材料进入玻璃化。干冻是利用无菌空气流、干燥硅胶或饱和溶液表面的气相等对样品进行脱水处理，然后快速将样品投入液氮贮存。分步冰冻是把慢冻和快冻结合起来的一种冰冻方法，即先用较慢的速度使植物材料降至 -10℃ 左右，停留 10min，再降到 -40~-30℃，停留 30min，投入液氮。玻璃化冰冻指样品经浓度较高的复合保护剂处理后快速投入液氮，植物材料就进入玻璃化态。

种质材料解冻方法有快速解冻和慢速解冻（陈晓玲等，2013；赵跃平等，2012）。快速解冻能使材料通过略低于冰融点的危险温度区而防止降温过程中所形成的晶核生长对细胞损伤,比慢速解冻效果好。快速解冻通常是把样品放入37~45℃水浴中解冻。种质材料培养是超低温保存的最后一个工序,恢复生长培养基的种类及培养基中所含的组分对超低温保存后的胚轴再生有着重要的影响,筛选合适的培养基也至关重要。

目前,种质材料超低温贮藏研究主要从植物材料特性、包装材料、预处理方法、冰冻方法、解冻方法、培养基种类成分和冰冻保护剂种类等方面,探讨影响超低温保存效果的主要因素(张晓宁等,2020;刘艳萍等,2020;赵跃平等,2012)。

3.3.2 超干燥贮藏法

种子耐贮藏的关键因子是种子含水率和贮藏温度。传统的贮藏方法是以控制温度为主,因此国内外贮藏种子通常采用低温和超低温的方法。但是低温和超低温贮藏需要巨额建库投资和维持费用,这对于经济不发达的地区、单个育种单位和种子经营单位来说是很难实现的。针对目前长期低温贮藏种子费用较高的问题,国际植物种质资源委员会推荐,采用超干燥处理,在常温下密封保存,可延长种子寿命,减少种子贮藏费用。

种子超干燥贮藏的原理为种子水分下降1个百分点,其贮藏寿命增加1倍。种子调制时,将种子水分降至5%以下,通过超干燥使种子在常温下的寿命得以延长,以干燥代替低温,在提高种子贮藏效果的同时,可减少种子贮藏成本。

超干燥贮藏的主要程序:干燥→贮藏→回湿。干燥的方法主要有机械干燥、加热干燥、硅胶干燥和生石灰干燥(崔凯,2008)。机械干燥是利用氯化锂转轮除湿干燥机(采用内空气循环)对种子进行超干燥处理。加热干燥是利用热空气使种子达到要求的含水率,通常把种子置于恒温箱中,采用50℃的恒温干燥。硅胶干燥是把硅胶和种子按一定的比例放置在密封容器里进行干燥。生石灰干燥是把生石灰和种子按一定的比例放置在密封容器里进行干燥。硅胶干燥和生石灰干燥时,皆需根据种子类型的不同来确定合适的比例。

贮藏的原则是密封贮藏,所用的容器主要有具塞玻璃管、磨口玻璃瓶、铝箔袋、塑料自封袋等。将种子密封后,常温下贮藏即可。超干燥种子由于水分失去过多,以致失去细胞中的结合水,细胞膜受到损伤,若不经过渗调处理,细胞膜得不到物理修补,势必影响其活力水平。为了防止种子超干燥后在发芽过程中产生吸胀损伤,需做预先回湿处理。回湿处理常用的方法主要有室内[25~30℃,70%~80%RH(空气相对湿度)]回湿48h、室内回湿24h+饱和水蒸气(100%RH)回湿24h、17%PEG(聚乙二醇)处理24h、30%PEG处理8h、饱和$CaCl_2$溶液(40%RH)回湿24h、饱和$CaCl_2$溶液回湿8h+饱和NH_4Cl溶液(80%RH)回湿8h(胡晓荣等,1999)。6种回湿方法的共同点是让水汽缓慢地进入种子,使种子免受吸胀损伤,促进种子萌发。针对不同类型的植物种子,适宜的回湿方法需根据实际情况进行优化筛选。

目前,种子超干燥贮藏研究主要集中在超干燥处理对种子贮藏寿命的作用规律及其生理生化机制（王晓丽等，2009；崔凯等，2012）、超干处理的种子适宜含水量下限（林坚等，2004；王晓丽等，2009）、回湿渗透调节方法及其效应（Ellis et al.，1991；胡晓荣等，1999；张海娇等，2018）等方面。

3.4 林木种子贮藏的案例教学

3.4.1 案例材料的选取

针对西南林业大学森林培育专业学生以云南生源为主的特点，立足身边选择大家熟悉的树种作为案例教学的树种，以该树种种实特点及其适宜贮藏方法作为案例教学材料，引导学生思考和讨论其所见所闻的树种种子如何贮藏，进而实现综合运用所学的"森林培育学"的相关理论与技术，提高学生解决实际问题的能力，是林木种子贮藏专题案例教学的根本目标。要实现该专题案例教学的上述目标，适宜案例材料的选取则是其中的首要任务，本书作者长年在我国西南地区从事森林培育的教学和科研工作，根据其对板栗（*Castanea mollissima*）、香樟（*Cinnamomum camphora*）、直干桉（*Eucalyptus maidenii*）、蓝桉（*Eucalyptus globulus*）、云南油杉（*Keteleeria evelyniana*）等树种种实特性的研究，认为这几个树种种实是非常合适的案例材料。

板栗是我国重要的木本粮食树种，在我国南方和北方均有广泛栽培，其种植面积和产量均居世界第一，但板栗成熟种实（图3-1）含水率高（40%~60%），属顽拗性种子，其贮藏和保鲜存在较大困难，目前板栗胚轴超低温保存是比较理想的种质贮藏方法。香樟的浆果状核果呈球形，成熟时为紫黑色，容易发热发霉变质，采收后需及时搓洗掉果皮果肉，将种子取出，用草木灰搓掉种皮上的蜡质，将种子阴干。香樟种子（图3-2）从成熟、调制、贮藏直至发芽都要求保持较高的含水率（15%左右），传统的贮藏方法通常采用湿藏法，但湿藏法无法满足香樟种子长期保存的要求，而超低温贮藏成为香樟种子长期保存的适宜方法。

图 3-1　板栗种实

图 3-2　香樟种子

直干桉和蓝桉皆是桉属中少有的油材两用树种，经济价值高，在云南较早引种栽培并广泛种植，生产上主要通过种子繁殖。但是直干桉种子（图3-3）属于特小粒种子，蓝桉种子属于小粒种子，均不易采收，加之其种子耐湿热性差，常温下难以长期贮藏，生产上主要采用冷库贮藏。超干燥处理和保存是一种经济有效的直干桉和蓝桉种子贮藏方法（王晓丽等，2008；2009）。云南油杉在云南省分布极广，多散生，多野生，较少人工大面积种植。云南油杉以种子繁殖为主，种子含油率为30%左右，不耐贮藏（云南省林业科学研究所，1985）。许多油料作物等油质种子超干燥贮藏有较好的耐贮性，对延长种子贮藏寿命有明显的作用（胡晓荣，1999）。云南油杉种子（图3-4）超干燥贮藏保存是可行和适宜的。

a. 直干桉蒴果　　　　　　　　b. 直干桉种子

图3-3　直干桉蒴果和种子

a. 云南油杉球果　　　　　　　　b. 云南油杉种子

图3-4　云南油杉球果和种子

3.4.2 案例的课堂设计

第一，明确本案例教学的学习目标：学会综合运用"森林培育学"中的林木种子生产的理论和技术来理解并解决种子贮藏的问题。总的学习目标可以分解为以下4个具体目标：①认知林木种子萌发所需的条件，理解种子贮藏和种子萌发是两个相反的过程，认知种子贮藏时利于延长种子寿命的条件，明确种子贮藏的主要调控方向。②认知林木种子贮藏的主要方法及其各自适用的种子类型，熟悉常见的林木种子的贮藏特性。③深入理解超低温贮藏法和超干燥贮藏法的原理、主要程序、关键技术。④认知实际工作中，针对不同林木种子的贮藏特性，选取适宜的贮藏方法，具体探讨各程序中的技术要点，以优化的具体方案解决种子的贮藏难题。

第二，设计引发讨论的问题如下（按问题提出的顺序列出）：①大家认识或见过哪些植物或林木种子呢？知道这些植物或林木种子成熟时有什么特点（外部形态、种子内含物性质、种皮构造、种子的含水量等）吗？知道这些植物或林木种子的寿命情况吗？影响种子寿命的因素有哪些呢？这几个问题交流讨论之后，学生会对常见的某些植物或林木种子成熟时的特点、种子寿命长短、影响种子寿命的内在因素和外在因素有比较全面的认知，明确延长种子寿命的主要调控方向。②针对有的植物或林木种子对脱水或低温敏感、贮藏性差的问题，用什么贮藏方法来延长其寿命呢？针对有的植物或林木种子耐脱水性好，可以采取什么方法贮藏，既可以延长其寿命，又可以降低其贮藏成本？这两个问题交流讨论之后，会引出林木种子超低温贮藏法和超干燥贮藏法的原理及其适用条件，但是种子超低温贮藏法和超干燥贮藏法的原理分析可能会不全面，此时需要教师进行补充讲解。③林木种子超低温贮藏法和超干燥贮藏法，实际应用时，其各自的主要程序及其关键的技术要点分别是什么呢？这个问题交流讨论之后，此两种贮藏方法中的具体关键技术要点会明晰起来。通过以上梯度问题的层层深入讨论，针对不同林木种子的耐藏性特点，相应的适宜贮藏方法和具体方案的优化筛选思路会非常明确。

第三，设计开场，该案例教学采用直接向学生抛出问题的开场方式。

第四，板书规划，依据引发讨论的主要问题数目，将黑板分成4个区域，每个区域书写相应的讨论题目，题目下方记录学生回答的要点或关键词。

3.4.3 案例教学的组织实施

本部分案例教学的组织实施参见2.5.3。

3.4.4 教学效果分析评价

本部分教学效果分析评价的思路、原则和调查表参见2.5.4。

3.5　小结

本章以林木种子贮藏专题为教学内容，通过林木种子贮藏主要相关理论与技术（林木种子的寿命、影响林木种子寿命的因素；林木种子的分类、各类种子的贮藏特性；林木种子的萌发条件；林木种子的贮藏方法及其各自适用的种子类型、林木种子的超低温贮藏法和超干燥贮藏法各自的原理、适用条件、主要程序及各程序的关键技术）的课堂讲授，结合林木种子贮藏案例教学（适宜案例材料的选取、详细的案例课堂设计、有序的案例教学组织实施和科学的案例教学效果分析评价）的课堂交流讨论，使学生在深入理解理论知识的基础上，熟练掌握种子贮藏，尤其是较新颖的超低温贮藏和超干燥贮藏的关键技术，将理性认知和感性认知相结合，构建系统的种子贮藏知识体系，解决林木种子生产中的实际问题，提升学生分析和解决问题的综合能力和实践技能。

第 4 章

容器育苗专题

4.1 容器育苗概述

容器育苗是指利用特制容器盛装基质培育苗木的方法（沈海龙，2009；沈国舫，2001）。该法所育苗木即为容器苗，容器苗具完整根团。根据容器育苗环境是否可人工调控，分为大田容器育苗和设施容器育苗。

国外容器育苗起源于20世纪30年代的英国，70年代北欧国家开始在生产上推广应用，90年代林业发达国家进入容器育苗工厂化阶段（沈海龙，2009）。国内容器育苗起源于20世纪30年代（广东），70年代南方多地（广东、海南、四川、云南等）掀起容器育苗高潮（沈海龙，2009），现在桉树［赤桉（*Eucalyptus camaldulensis*）、尾巨桉（*Eucalyptns urophylla* X*E. grandis*）、柠檬桉（*Eucalyptus citriodora* Hook）等］、木麻黄（*Casuarina equisetifolia*）、相思树类基本采用容器苗造林。容器育苗可分为大田容器育苗、温室和大棚容器育苗及工厂化容器育苗3个阶段（李二波等，2003）。目前，世界上只有少数林业发达国家实现了工厂化容器育苗，绝大多数国家仍处于温室和大棚容器育苗阶段。

相较苗床裸根苗培育，容器育苗的优势主要有育苗周期短（合适的容器、合理配制的基质、适宜的可控环境，可促进苗木早期的快速生长），容器苗造林成活率高和造林初期生长快（容器苗具完整根团，造林后的生理缓苗期短），充分利用土地和劳力（不适宜整地作苗床的地段，可搭架子，放置容器育苗），节约种子（容器内点播对种子的利用率高于苗床撒播和条播），利于育苗及造林机械化（育苗机械化主要包括基质混拌、基质装填、冲穴、播种、覆土等；造林机械化主要包括植苗造林器械的使用，如桉树容器苗造林时所使用的植苗管）（沈海龙，2009）。

4.2 常规容器育苗

育苗容器分为两大类，一类是造林时可以连苗定植的容器（纸质、黏土、泥炭、稻草、树皮、无纺布等材料制作的容器）；另一类是造林时需将苗木从其中取出的容器（聚乙烯为材料制作的薄膜袋、硬质单体或连体营养杯等）（沈海龙，2009）。生产中，考虑苗木规格、育苗成本及后期运输成本，所用育苗容器常以容积 $50m^3$ 左右的小型容器为主。

育苗基质的选取既要考虑苗木生长的需求（为苗木生长提供合理的水、肥、气、热条件），又要考虑苗圃经营的需求（当地来源丰富，价格合理）。常见的育苗基质材料有自然土壤、泥炭、河沙、蛭石、珍珠岩、木屑、腐殖土、树皮粉等（沈海龙，2009）。育苗基质配方，各地根据实际情况调配所用基质种类及其比例。育苗基质消毒可用高锰酸钾、多菌灵、甲基溴等药剂，也可用高温法。

容器装填育苗基质时，不能装得过满，一般装至比容器口低 1~2cm 即可（李二波等，2003）。容器装填基质后，即可将其整齐摆放至整好的苗床上或搭好的架子上。容器中播种育苗、扦插育苗、嫁接育苗的主要程序及关键技术分别与其各自的裸根苗培育相似（沈海龙，2009）。容器苗的灌溉、施肥、除草、病虫害防治、间苗和补苗等日常管理皆与裸根苗管理相同。容器苗培育过程中的根系控制方法主要有空气修根（使用特制容器、育苗时架空容器、摆放时容器间留有空隙等）和化学修根（容器内壁涂抹化学试剂）。通过根系控制可减少根系缠绕卷曲，增加侧根和须根的数量，促进锥形根系的形成。

容器育苗（播种苗）工厂化生产工艺流程（李二波等，2003）如下：从材质、规格等方面考虑，选用或制作（配备容器制作机的育苗工厂）合适的育苗容器；将选用的基质原料粉碎过筛（基质处理机），并按预定的调配比例混拌配制；将配制好的基质装填到容器中（装播机）；种子检验和处理主要包括种子精选（精选机）、种子裹衣（裹衣机）；将处理好的种子播入已冲穴的育苗容器中并覆土（装播机）；通常在设施（大棚、温室）中，人工调控温度、湿度、光照和养分等条件，培育苗木生长至所需规格；经过一定时间的炼苗处理（露天炼苗床），获得可用于造林使用的合格苗木。

4.3 轻基质网袋容器育苗

轻基质网袋育苗容器是由轻基质网袋容器机自动连续生产出来的圆筒肠状容器，内装轻型育苗基质，外表包被一层薄的纤维网孔状材料，再经切段机切出的圆柱形、无底的单体容器（张建国等，2007）。常用的纤维网孔状材料主要有无纺布、纺织布、纸等，这些材料较易分解，且具有良好的透水和透气性以及根系可自由穿透性。轻型育苗基质主要原料有农林废弃物类、工业固体生物质废料类和工矿企业膨化的轻体废料等。生产上常用的容器规格有两种：一种为直径 45~50mm，高 100mm；另一种为直径 35mm，高 80mm。

相较常规容器育苗，轻基质网袋容器育苗的优点如下：苗木根系数量多（空气断根）；苗木根系接近自然生长状态（不窝根、不卷曲）；苗木抗旱能力强（根系健壮）；苗木根系与轻型育苗基质交织在一起，可以形成牢固且富有弹性的根团，可保持长途运输不散团；轻型育苗基质可为育苗时根系的生长和造林后林木的生长提供良好的生长空间和丰富的营养；同规格的轻基质网袋容器比常规容器+自然土壤的重量至少轻 1/3，可提高山区、山高坡陡地带的造林效率，显著降低造林成本（张建国等，2007；惠兴艳，2019；苏奇，2018；许传森，2019a）。

按照来源广泛、加工技术简单和综合成本低的基质原料选择原则，结合各地的育苗实际情况，目前常用的轻基质原料主要有农林废弃物类（农作物秸秆、种壳；林木果核、果皮、果壳、枯枝落叶、树皮、木屑等）、工业固体生物质废料类（食用菌废渣、中药厂药渣、糖厂蔗渣、食品厂废料、发酵工业废料、木材加工厂废料等）、工矿企业膨化的轻体废料（泥炭、珍珠岩、蛭石、硅藻土、煤渣、陶粒渣、膨化泡沫渣、炭窑废渣等）（柯宏英，2014）及其他材料（芯土、菌根土、河沙等）（张建国等，2007；黄永忠，2018）。

农林废弃物最大的问题是性能不稳定。通过基质处理，可以使基质性能在育苗期内稳定，同时回收处理过程中产生的副产品。农林废弃物类基质处理方法有发酵和半炭化（张建国等，2007；黄永忠，2018）。发酵有工业发酵法和简单发酵法。工业发酵法是通过功能性工业发酵菌种，利用发酵塔或发酵罐，在控温、控氧、控湿、机械搅拌等条件下，实现基质的快速发酵，可大规模、集约化生产轻型基质。简单发酵法是指传统的将农林废弃物堆沤或堆积，以使其发酵的方法，因此法投资少，操作简单，从而被广泛采用。半炭化有工业半炭化法和简单半炭化法。工业半炭化法是利用半炭化炉自动上料，在自动控温和控氧、机械化搅拌等条件下，实现基质的快速半炭化，可大规模、集约化生产轻型基质。简单半炭化法是将基质堆在地面上，点燃后再用基质将其盖严，上边再覆盖一层土进行焖烧，一直到基质变成褐色为止。

在基质配制过程中要避免基质成分的过分单一，尽量保证基质成分的多样性，充分利用各成分之间性能互补的特点。配制好的基质其性能应是相对稳定的，即在有限的育苗时间内，要保证基质的性质不发生明显变化，如发酵或半炭化就是将基质中性质不稳定、易分解的成分除去，以保证育苗过程中基质的稳定性（许洋等，2006）。配制好的基质要有良好的物理性质（保水、保肥、疏松、透气），各成分要有适宜的粒度及比例（许洋等，2006）。配制好的基质要有良好的化学性质（pH近中性，盐离子浓度低），半炭化后的基质用水冲洗，就是解决基质偏碱性的问题。

轻基质生产的工艺流程：原料→粉碎→筛分→干燥→装袋。轻基质生产线由粉碎机、传送带、筛分机、提升机和料仓组成。轻基质网袋容器生产线的工作原理是先将网袋材料加工成筒状；同时完成轻基质处理与生产；制作容器（把筒状网袋材料套在容器机出料管外，将配制好的轻基质装到料斗里，开启电源，轻基质则自动装到容器里）；将网袋容器切段。轻基质网袋容器生产线分两种：一种是简易生产线，另一种是半自动生产线（张建国等，2007）。简易生产线由容器机和切段机组成，适合小规模的育苗生产。半自动生产线由搅拌筛分机、容器机和切段机组成，适合较大规模的育苗生产。

轻基质网袋容器育苗与常规容器育苗以及苗床裸根苗培育有很多技术相同之处，不同的是容器的材质、基质的成分和配制以及由此引起的育苗时容器的摆放、断根处理等技术的差异。容器底面最好摆放到架空托盘里，以便底部空气修根。喷灌设施不完善时，容器需紧贴彼此摆放，以便减少水分蒸发，同时利于水分和肥料在容器间相互渗透，但需定期移动容器以实现空气修根（张建国等，2007；许洋等，2006）。喷灌设施完善时，容器间可以有较大间距，以便及时进行空气修根，但要注意勤喷水。

鉴于轻基质网袋容器育苗的优越性，该育苗技术在林业生产上获得了较广泛的应用。目前，红松（*Pinus koraiensis*）、杉木（*Cunninghamia lanceolata*）、鹅掌楸（*Liriodendron chinense*）、史密斯桉（*Eucalyptus smithii*）、油茶（*Camellia oleifera*）、红叶石楠（*Photinia × fraseri* Dress）、湿地松（*Pinus elliottii*）、木荷（*Schima superba*）、野茉莉（*Styrax japonicus*）、番木瓜（*Carica papaya*）、厚朴（*Magnolia officinalis*）、西南桦（*Betula alnoides*）、樟子松（*Pinus sylvestris* L. var. *mongholica* Litv.）、东南石栎（*Lithocarpus harlandii* Rehd.）、蓝花楹（*Jacaranda mimosifolia*）、降香黄檀（*Dalbergia odorifera*）、观光木（*Tsoongiodendron odorum*）、马尾松（*Pinus massoniana*）、马蹄荷（*Exbucklandia populnea*）、火炬松（*Pinus taeda*）、格木（*Erythrophleum fordii*）（鞠晓雪等，2020；刘清林等，2020；王秀花等，2019；许传森，2019b；吴晓华，2016；许娜等，2015；裴会明等，2014；朱伟，2014；王耀辉等，2014；巫佳黎等，2014）等20多种林木，分别探讨了其轻基质网袋容器育苗技术，通过容器苗的培育，均取得了良好的育苗或造林效果。

4.4 林木容器育苗的案例教学

4.4.1 案例材料的选取

育苗容器的材质、形状、规格多种多样，实际育苗工作中，如何进行选择呢？本案例收集了西南林业大学苗圃中正在使用的一些育苗容器（图4-1~图4-7），材质有软塑料、硬塑料、无纺布、陶土等，形状有圆柱形、圆台形、四方形等，规格有直径5~40cm、高10~50cm多种，还有一些容器具特殊的性能（控根）。这些容器中正在进行着不同树种不同规格苗木的培育，如云南松、清香木（*Pistacia weinmannifolia*）、蓝桉、直干桉、无患子（*Sapindus mukorossi*）、苹果（*Malus pumila*）等。

图4-1　软塑料（薄）单体容器和容器苗培育

图 4-2　软塑料（厚）单体容器和容器苗培育

图 4-3　软塑料快速控根单体容器和容器苗培育

图 4-4　穴盘容器（无盖、有盖）和容器苗培育

图 4-5　硬塑料单体容器和容器苗培育

图 4-6　无纺布单体容器和容器苗培育

图 4-7　陶土单体容器和容器苗培育

蓝桉是桉属中少有的油材两用树种，经济价值高，在云南较早引种栽培并广泛种植，由于该树种无性繁殖困难，因此生产上主要通过种子繁殖。根据本书作者多年从事蓝桉良种壮苗繁育工作的育苗经验，认为蓝桉是非常合适的容器苗培育的案例材料。

蓝桉种子属于小粒种子，幼苗出土时纤弱，前期生长速度较慢，因此实生容器苗培育时，若苗木培育周期较短、苗木规格较小，可选用单个容积较小的穴盘作为育苗容器；若苗木培育周期较长、苗木规格较大，宜选用直径15~20cm、高度20cm左右的单体容器（图4-8）；由于蓝桉是菌根型树种，育苗基质中最好添加一定比例的蓝桉林中的根际土壤，或育苗期间接种纯化的蓝桉林中的优势菌种；育苗期间的水分管理，使育苗基质含水量维持在田间持水量的70%~90%即可；育苗期间的养分管理认为，苗高、地径生长和总生物量累积均随氮、磷配施施肥量的增加呈先增大后减小的趋势，氮、磷配施对苗高、地径生长和总生物量累积的促进效果皆好于单施氮肥及单施磷肥，苗木生长的最佳施肥量为氮肥0.60g/株、磷肥0.66g/株配施。

图4-8 蓝桉实生容器苗培育

蓝桉虽为无性难繁树种，但通过外源激素（适宜外源激素种类和浓度配比）的调控、适宜容器的筛选、基质配比的优化，可促进其扦插生根，我们通过蓝桉扦插繁殖技术体系的构建，使得蓝桉的扦插生根率达到了51.40%。蓝桉扦插苗培育以容器育苗为主，鲜少苗床育苗。在昆明地区，蓝桉生长季（5~9月）扦插，其生根时间为90d左右；虽然蓝桉在昆明地区无明显休眠期，但其生长会放缓，生长缓慢季（10~12月）扦插，其生根时间为120d左右。鉴于蓝桉扦插生根时间较长的特点，选取容器时，尽量使用高度较大（≥10cm）的容器（图4-9）；育苗基质可用山地红壤、珍珠岩和腐殖土等，可按山地红壤∶珍珠岩∶腐殖土为5∶1∶1的比例调配；扦插生根期间，注意基质水分供应和空气相对湿度的保障；扦插生根期间，无须施肥。

4.4.2 案例的课堂设计

第一，明确本案例教学的学习目标：①学会依据所育苗木的生长特性、苗木出圃时的规格以及育苗成本核算等信息，选用合适的容器（材质、形状和规格等）开展育苗工作。

图 4-9　蓝桉扦插容器苗培育

②学会综合运用"森林培育学"中的苗木培育的理论和技术开展容器育苗工作，严控容器的选择、基质的配制、林木种子的预处理、苗木的日常管理、炼苗等流程，以获得健壮的容器苗。总的学习目标可以分解为以下 6 个具体目标：①熟知目前常见的育苗容器的材质、形状、规格及其特性。②熟知目前常见的育苗基质的种类及其特性。③掌握林木种子预处理（种实催芽、选种、消毒和裹衣等；无性繁殖材料的选取、制穗、外源激素处理、消毒等）的主要环节、方法及关键技术。④掌握常见主要造林树种苗木（实生苗和无性繁殖苗）生长发育规律。⑤掌握具体育苗工作中，容器选取的原则、育苗基质配制的方法、基质装填的注意事项、播种 / 或扦插 / 或嫁接的技术要点。⑥掌握设施 / 或大田容器育苗的苗木日常管理（水肥调控、间苗补苗、病虫害防治等）的关键技术。以优化的具体方案解决容器苗培育中的问题，获得健壮的苗木，满足造林工作对种植材料的要求。

第二，设计引发讨论的问题如下（按问题提出的顺序列出）：①大家见过哪些育苗容器呢？这些育苗容器各自的特性是什么呢？这两个问题交流讨论之后，学生会对常见的育苗容器的特点有了一定的了解和认识。②大家有没有见过容器育苗呢？这些育苗容器中都有装填什么育苗基质呢？这两个问题交流讨论之后，学生会对常见的育苗基质的种类及其配比有了一定的了解和认识。③播种育苗时，种子的预处理包括哪些环节呢？各环节的处理方法有哪些呢？各环节常用的处理方法的关键技术是什么呢？无性繁殖材料育苗时，繁殖材料（插穗 / 或接穗）的预处理包括哪些环节呢？各环节的处理方法有哪些呢？各环节常用的处理方法的技术要点是什么呢？这几个问题交流讨论之后，学生会对林木种子的预处理过程有清晰的认知，明白可以怎么做以及需要怎么做。④大家了解常见主要造林树种苗木生长发育规律吗？例如，某个树种实生苗木是前期生长型还是全期生长型？又如某个树种无性繁殖苗木的生根周期和生根季节规律如何？这几个问题交流讨论之后，学生会对身边常见树种的苗木生长发育规律有了一个比较深入的认知，期间若学生交流分析不全面，则教师进行补充讲解。⑤苗木培育的日常管理措施有哪些呢？这些措施的技术要点分别是什么呢？这两个问题交流讨论之后，学生会清楚从哪些方面调控以及如何调控育苗过程，从而获得健壮的苗木。⑥如果拟育某个树种（最好是本地常见的树种）的实生容器苗，要求育苗周期 6 个月、平均苗高 20cm、单位面积产苗量为 85 000 株 0.066 7hm^2，则选用什么容器？什么育苗基质？按什么比例调配育苗基质？如何开展种子的预处理？如何播种、覆土？如何摆放育苗容器？如何控温保湿？如何进行水肥调控？这些问题交流讨论之后，学生会对容器育苗的整个流程和技术体系有了清晰、全面的认知。

第三，设计开场，该案例教学采用直接向学生抛出问题的开场方式。

第四，板书规划，依据引发讨论的主要问题数目，将黑板分成 6 个区域，每个区域书写相应的讨论题目，题目下方记录学生回答的要点或关键词。

4.4.3 案例教学的组织实施

本部分案例教学的组织实施参见 2.5.3。

4.4.4 教学效果分析评价

本部分教学效果分析评价的思路、原则和调查表参见 2.5.4。

4.5 小结

本章以林木容器苗培育专题为教学内容，通过容器育苗理论与技术（容器育苗的发展历史和发展阶段；常规容器育苗的容器种类、基质种类、基质装填、播种覆土、苗木日常管理、工厂化生产工艺流程；轻基质容器育苗的容器构成、育成苗木的根系特点、轻基质及轻基质网袋容器的生产工艺流程和生产线、轻基质网袋容器育苗的注意事项、轻基质网袋容器育苗的应用现状）的课堂讲授，结合林木容器育苗案例教学（适宜案例材料的选取、详细的案例课堂设计、有序的案例教学组织实施和科学的案例教学效果分析评价）的课堂交流讨论，使学生在深入理解理论知识的基础上，熟练掌握容器育苗主要流程的关键技术，将理性认知和感性认知相结合，构建系统的容器育苗知识体系，解决林木容器育苗工作中的实际问题，提高学生分析和解决问题的能力，提升学生的专业能力和职业能力。

第 5 章

林木组培快繁育苗专题

5.1 林木组培快繁育苗概述

组培育苗，即植物组织培养育苗，是利用活体植物的某些细胞、组织或器官，将其接种在人工配制的培养基上，在人为控制的室内条件下，培育成单独的植株（李二波等，2003；陈世昌，2015）。与传统育苗相比，组培育苗的优点主要有繁殖效率高（利用植物细胞的全能性，以1株优良母株为材料，通过反复增殖，在短期内利用小空间高密度扩大繁殖系数，提高良种繁育的速度，大大地缩短良种推广周期，加速林木良种化进程），遗传相对稳定（组培属于无性繁殖技术，不经过有性阶段的基因分离重组，可保持原种的优良特性，遗传和表型两个方面都一致），苗木质量高（与扦插苗相比，组培苗根系更发达、造林后的苗木生长状况更好、抗病性更强），利于工厂化生产（温度、光照、湿度、营养、激素等条件可控，适于高密度集约化生产，重复性强，可通过仪器仪表进行自动化控制），市场销售能力强（培养条件可控，可以周年生产，按计划生产出苗，较迅速地建立新的推广体系）（李二波等，2003；刘均利等，2016）。

组培育苗技术市场需求巨大，市场化的发展使组培技术从实验室向产业化和国际化方向发展，通过组培获得的人工种子有逐渐取代传统种子的市场趋势。组培将生物技术与生产研究相结合，为培育植物新品种和新种质提供了有效的研究手段，国内许多单位已加快林木、园艺植物等的组培育苗技术研究和开发，有些树种（如桉树）的组培技术体系已投入了大规模的产业化生产应用，但整体来看，组培技术体系的产业化，我国落后于林业发达国家，我国现有的8 000余种乔木、灌木树种中，组织培养育苗已获成功的种类不足50种（张红岩等，2018），能参与国际苗木市场的商品更是寥寥。目前，组培正在向着简化低成本和自动化调控的趋势发展。

5.2 实验室与设备及基本操作技术

5.2.1 实验室与设备

植物组织培养包括培养基制备、灭菌、接种、培养及移苗等一系列的环节和步骤，因此，组培实验室的设计通常应以实验的自然流程为依据。培养基制备和灭菌的主要环节有器皿等的清洗、培养基配制、培养基分装、器皿及培养基等的消毒，这些工作需要在化学实验室和消毒室完成。接种和培养需要接种室和培养室，两个空间皆须无菌，经培养室培养一定时间后即可获得商品试管苗。组培苗移栽需要移苗室，移苗室应满足基质调配、容器装填基质、容器摆放、瓶苗移栽和炼苗的环境调控等方面的要求，经移苗室培养一定时间后即可获得商品容器苗。商品大苗培育需要具有一定面积的苗木移植区，移植区应满足苗木培育日常管理所需的灌溉、排水、光照和温度调控等的要求，经苗圃移植区培养一定时间后即可获得商品大苗。综上所述，组培需要的实验室主要有洗涤室、消毒室、化学实验室、化学药品室、培养基贮放室、无菌操作室、培养室、移苗室、苗木移植区等。

洗涤室用于植物组织培养所用各种器具的洗涤清洁，应放置超声波清洗机，室内有水有电。消毒室用于植物组织培养所用器具和培养基的消毒，应放置高压锅，室内有水有电，墙壁和地板要能防潮和耐高温。化学实验室用于植物组织培养的培养基的配制及生理生化测定，应包括普通化学实验室的基本设施，配制培养基的仪器设备，生化分析设备等。化学药品室用于专门放置植物组织培养所需的化学药品和试剂，室内要有分析天平等，应设在化学实验室附近，便于工作。培养基贮放室用于存放植物组织培养所用的培养基，要求贮藏室低温（10℃以下）、黑暗。无菌操作室用于植物组织培养的接种工作，要有超净工作台，要注意整个无菌操作室的消毒和清洁。培养室用于接种后试管苗的培养，要有可调节光强和光质的光照设备、固体培养架、摇床、空调等。移苗室用于试管苗的移栽和炼苗，应有光照、空调及喷雾设施。苗木移植区用于培育组培苗大苗，应有温室、网室、阴棚、灌溉管线等苗圃设施。

组培需要的仪器设备主要有冰箱（用于药品、酶制剂、生长调节剂及培养基母液贮藏）、酸度计（用于测定培养基及酶制剂的pH值）、烘干箱（用于玻璃器皿烘干或其高温干热灭菌）、恒温箱（用于分离原生质体或酶制剂的保温）、超净工作台（用于接种等无菌操作）、摇床和转床（用于液体培养）、高压灭菌锅（用于培养基、蒸馏水和各种器具的消毒）、天平（用于药品和培养基的称量）。组培需要的玻璃器皿主要有试管、三角烧瓶、"T"形管、培养皿、长方形培养瓶、广口培养瓶和细胞微室培养器皿。组培需要的用具主要有微孔过滤器（用于易被高温破坏的物质的过滤灭菌）、细胞计数器（用于统计溶液中培养的细胞数目）、接种用具（镊子、剪刀、解剖刀、接种针和接种铲等）、接种器械灭菌器（用于接种用具的消毒）。

5.2.2 培养基的制备

培养基有液体培养基和固体培养基两种（陈世昌，2015）。在培养基中不加凝固剂的即为液体培养基；在培养液中加入一定量的凝固剂（如琼脂、明胶、硅酸、丙烯酰胺或泡沫塑料等），加热溶解，冷却后即成固体培养基，因固体培养基的操作简单和使用方便，实际工作中更为常用。

根据营养水平不同，培养基可分为基本培养基和完全培养基（陈世昌，2015）。基本培养基也就是通常所说的培养基，主要有 MS、White、B5、N6、改良 MS、Nitsh、Miller、SH 等。完全培养基是在基本培养基的基础上，根据试验的不同需要，附加一些物质。尽管各种培养基的配方各不相同，但所含的主要成分可以归纳为以下八大类：①无机盐类（大量），包括氮（NO_3^- 和 NH_4^+）、磷（PO_4^{3-}）、钾、钙、硫（SO_4^{2-}）和镁等大量元素；②微量元素，包括锌、锰、硼、铜、钴和钼等；③铁，一种非常重要的辅酶因子，以螯合物的形式存在于培养基中；④维生素，包括维生素 B_1、烟酸、维生素 B_6、肌醇、泛酸盐和生物素等；⑤碳源，包括蔗糖、葡萄糖、果糖、砂糖和山梨糖等；⑥有机物质，有机营养可以由酪蛋白水解物、维生素或单独由某一种氨基酸提供；⑦植物生长调节剂，IAA、CK、GA；⑧琼脂，常用的凝固剂。

配制培养基应注意事项如下：①先配制大量无机盐类的混合母液，一般配制成 10~20 倍浓度的母液；②培养基的 pH 调整时，一般用酸或碱边搅拌边添加，以免发生不溶性沉淀；③一时未能用完的培养基应在黑暗条件下低温保存，因为配备时间较长的培养基，其化学性质和物理性质都可能产生变化，如在光照条件下 24h IAA 破坏可达 16% 左右。

5.2.3　实验的消毒工作

植物组织培养的成败关键是保证无菌，避免污染。污染的来源主要有培养基、材料、器皿和用具带菌，以及操作过程的污染。防止污染的方法即消毒和无菌操作（陈世昌，2015；宁苓，2018）。

器皿和用具的洗涤可用重铬酸钾弱液或重铬酸钾饱和液。培养基及培养器皿消毒常用湿热消毒法（高压灭菌锅），培养基消毒一般为 121℃ 15min，玻璃器皿、无菌水消毒一般为 121℃ 30min。玻璃器皿、金属器材也可采用干热消毒法（电热烘干箱），通常 150℃ 40min 或 120℃ 2h。

有些药剂在纯溶液中高压消毒较稳定，与其他药剂配制成培养基进行高压消毒时可能发生变化。因此，对这些物质可用纯溶液分别消毒，再在无菌条件下加入其他培养基中。有些不耐高温的药品可以用溶剂溶解后用微孔滤膜过滤，于无菌操作室内加入其余已经高温消毒的培养基。

外植体消毒常用的消毒剂有次氯酸钠、洁尔灭、次氯酸钙、氯化汞、过氧化氢、溴水、氯胺丁、硝酸银和抗菌素等。不同的消毒剂处理不同植物外植体材料时，所用的试剂浓度和处理时间均需具体优化和调整，以兼顾外植体存活和外植体消毒效果。

5.3　林木组培快繁育苗技术

植物组培的主要程序包括初代培养、继代培养和生根培养（陈世昌，2015）。初代培养是诱导芽的分化，形成一个或多个芽或形成愈伤组织再分化芽，多用 MS 培养基。继代培养是芽的增殖，繁殖大量的芽和无根苗。生根培养是使芽和无根苗产生不定根，形成完整的植株，一般低盐高生长素。

木本植物的外植体种类包括茎尖、茎段、胚、胚轴、子叶、未授粉的子房或胚珠、授粉子房或胚珠、花瓣、花药、叶片、游离细胞和原生质体等（陈世昌，2015；刘文静等，

2020；肖巍，2018）。外植体选取时应遵循的原则如下：①选取遗传和栽培品质优良，有较强的抗逆性和抗病虫能力的种质材料；②选取在培养过程中不断筛选出的增殖能力强的种质材料；③外植体大小因树种而异，需通过试验确定，如选用芽尖作外植体，一般 3~5mm 长为宜，过小不能形成完整植株，过大不易完全脱毒；④根据树种的生物学和生态学特性，确定最适宜的取材季节和时间；⑤选择活力最强、遗传性稳定的部位取材。

适宜的外植体材料经初代培养、继代培养和生根培养后，形成完整的植株，即为试管苗。试管苗对外界环境的适应能力弱，需经过移植炼苗，才可用于上山造林。组培苗移植前的锻炼（将瓶苗移至室外，在遮阴、温度 < 30℃、光照 4 000~6 000 lx 环境下放置 4~5d；之后将瓶苗放置环境调整至 35℃ 上下，光照 7 000~9 000 lx，放置 5~7d；当幼苗茎秆由绿色变为棕色时，打开瓶盖，在 35℃ 上下、光照 7 000~9 000 lx 环境下再放置 2~4d 后，将苗从培养瓶中移出，栽植于装填基质的容器中或整理好的苗床上），可增强组培苗移植成活率。组培苗移植可采用苗床移栽或容器移栽。移植基质以沙质壤土、黏土加沙、山泥土加草木灰或腐熟过的木屑为宜，这些基质具有质地疏松、通透性良好、保水性强的特点。

移栽时，选择苗高 2~4cm，根系发达的壮苗，在培养瓶内倒入适量清水，摇动使培养基与幼苗分离；用镊子或小钩把幼苗取出，迅速用水冲洗粘附在根部的培养基；在温室或大棚内，将从培养瓶中取出的组培苗用泥浆蘸根后，成丛或单株移栽到苗床或容器内，浇透水，保湿遮阴，减少蒸发。待苗木成活后再移栽至大田。在大田条件下，因组培苗较幼嫩，应避免强阳光照射和雨水冲淋，需架设阴棚。阴棚内透光度由 30% 逐渐增大到 60%，每天洒水 1~2 次，保持土壤湿润。当幼苗长出 1~2 对新叶时，可用 0.2% 尿素进行根外追肥，施肥后用清水喷洒，以防灼伤幼苗。移栽炼苗期间要及时进行防治病虫害。

植物组织培养常见问题及解决办法总结如下：

（1）微生物污染问题。污染来源主要有材料带菌、接种污染和培养过程感染。污染种类主要有细菌和真菌。解决微生物污染问题的相应对策主要有选择合适的外植体种类和采集季节与时间；选取大小适宜的外植体；室内水培或室外套袋；原位杀菌剂处理；反复清洗和组合灭菌；培养基中添加抑菌剂（内生菌）；接种工具的消毒；超净工作台保持干净整洁并定期清洗滤器；手的清洗和消毒；工装消毒以及戴帽子和口罩；接种室定期熏蒸消毒；接种前对接种室进行 70% 乙醇降尘及紫外灭菌；存放时间较长的培养基瓶子和继代培养旧培养基瓶子表面可喷 70% 乙醇灭菌；培养室保持干净卫生并通风去湿；进入培养室换鞋换工装；及时清理污染材料。对已发生污染的组培材料的抢救措施主要有转接（仅形成菌丝体，未形成孢子体）和抗生素处理（宁苎，2018；刘文静等，2020）。

（2）褐变问题。褐变是外植体自身组织由其表面向培养基释放褐色物质，以致培养基逐渐变成褐色，外植体也随之进一步变褐而死亡的现象。褐变是植物组织中酚类物质被氧化产生醌类物质造成的。影响褐变产生的主要因素有外植体的基因型、外植体生理状态（幼嫩组织褐变轻）、培养基成分（高盐和渗透胁迫褐变重）、培养条件（温度高褐变重）。解决褐变问题的相应对策主要有选择合适的外植体，如用幼年型、分生能力较强的材料；培养基中添加抑制剂（抗氧化剂）；培养基中添加吸附剂（活性炭、PVP）；增加转接次数；合适的培养条件（谢志亮等，2013；张宏平等，2013）。

（3）玻璃化问题。玻璃化是在培养过程中材料呈半透明状，组织结构发育畸形的现象。玻璃化的危害主要有导致芽或苗生长缓慢、繁殖系数下降；生根困难；无蜡质，易失水，移栽难成活。解决玻璃化问题的相应对策主要有增加培养基溶质水平；提高培养基中碳氮比；增加光照；增加容器通风；增施 CO_2 气肥；降低培养温度或变温培养；降低细胞分裂素含量或考虑添加 ABA（田鹏飞等，2018）。

（4）初代培养其他常见问题。外植体水浸状、变色、坏死；外植体长期无反应；愈伤组织生长过旺、疏松，后期水浸状；愈伤组织太紧实、平滑或突起，粗厚，生长缓慢；侧芽不萌发，皮层过于膨大，皮孔长出愈伤组织。上述问题各自产生的主要原因有表面灭菌剂过量、消毒时间过长，外植体选用不当（位置、时间）；基本培养基不适，激素不当或不足，外植体选择不当，温度不适；激素过量，温度偏高，无机盐（铵盐）不当；细胞分裂素过量，糖浓度过高；枝条过嫩，激素用量过高（任辉丽，2015；王纪忠等，2012）。

（5）继代培养其他常见问题。丛生芽少，苗细高；丛生芽多，畸形，节间短。上述问题各自产生的主要原因有细胞分裂素不足，温度偏高，光照不足；细胞分裂素过量，温度不适（焦磊等，2019；覃林海等，2017）。

（6）生根培养其他常见问题。愈伤组织过大，几条根愈合在一起；久不生根，基部愈伤组织少。上述问题各自产生的主要原因有生长素过量或伴有分裂素过量；生长素种类、用量不适；无机盐过量；生根部位通气不良（刘文静等，2020）。

植物组培成苗的途径有器官发生途径和体胚发生途径（陈世昌，2015）。器官发生途径包括直接器官发生和间接器官发生，体胚发生途径包括直接体胚发生和间接体胚发生。直接器官发生是直接由外植体诱导形成植物器官（芽或根），进而形成小植株。间接器官发生是外植体脱分化形成愈伤组织，由愈伤组织再分化出器官（芽或根）。直接体胚发生是直接由外植体诱导形成体胚（胚状体），进而体胚播种后萌发长成小植株。间接体胚发生是外植体脱分化形成愈伤组织，由愈伤组织再分化出体胚，体胚播种后萌发长成小植株。

体胚是指离体培养下没有经过受精过程，但经过了胚胎发育过程所形成的胚的类似物。体胚发生具普遍性，被子植物所有的重要的科和一些裸子植物都诱导出了体胚，外植体包括根、茎、叶、花、果实、花粉、助细胞、反足细胞等都诱导出了体胚。目前，中国林业科学研究院、福建农林大学、浙江农林大学、北京林业大学、南京林业大学、西北农林科技大学、东北林业大学等多所高校和研究院在林木体胚诱导方面开展了大量研究工作，龙眼（*Dimocarpus longan*）、荔枝（*Litchi chinensis*）、金花茶（*Camellia nitidissima*）、番木瓜、苦槠（*Castanopsis sclerophylla*）、三尖杉（*Cephalotaxus fortunei*）、枇杷（*Eriobotrya japonica*）、山核桃（*Carya cathayensis*）、枸杞（*Lycium chinense*）、刺槐（*Robinia pseudoacacia*）、栾树（*Koelreuteria paniculata*）、鹅掌楸、悬铃木（*Platanus acerifolia*）、麻栎（*Quercus acutissima*）、银杏（*Ginkgo biloba*）、七叶树（*Aesculus chinensis*）、杉木、火炬松、栓皮栎（*Quercus variabilis*）、白皮松（*Pinus bungeana*）、葡萄（*Vitis vinifera*）、落叶松（*Larix gmelinii*）、红豆杉（*Taxus chinensis*）、云杉（*Picea asperata*）、水曲柳（*Fraxinus mandshurica*）、楤木（*Aralia elata*）共26个树种成功诱导出了体胚，有的树种已使用其体胚苗开展造林试验（陈世昌，2015；王胤等，2019；田鹏飞等，2018；江海涛，2012）。

5.4 林木组培快繁的案例教学

5.4.1 案例材料的选取

蓝桉和直干桉是桉树中少有的两种油材兼用树种，经济价值显著，在云南省较早引种栽植，并广泛分布（谢耀坚，2003；陈余美等，2006；张荣贵等，2007）。目前，蓝桉和直干桉人工林培育的材料来源主要是种子和实生苗，但良种资源少，种源不足，导致种苗质量良莠不齐，造林后林木分化明显（曾德贤等，2010；黄海平等，2010；张永桥等，2014）。超级苗是根据林木生长性状在早、晚龄间存在的正相关关系，针对其苗期生长表现，选出的优良个体，为早期获得的优良基因型，可为发展无性系林业提供基础材料（马常耕，1991）。有鉴于此，本书作者前期开展了蓝桉和直干桉超级苗选择的研究并获得一定数量的超级苗（王晓丽等，2018），如何有效利用这些超级苗就成为蓝桉和直干桉人工林定向培育中急需解决的问题，遵循林木良种化需有性创造和无性利用结合的方针（马常耕，1991），超级苗无性快繁技术体系的构建成为解决该问题的关键。

植物组织培养以其生产效率高、条件可控等特点成为林木良种快繁的主要技术之一（任辉丽，2015；王纪忠等，2012）。目前，对约60种桉树开展了组织培养技术研究，绝大部分已获得完整植株（谢耀坚，2000；佘小涵，2002；江海涛，2012）。蓝桉和直干桉是无性繁殖困难树种（曾德贤等，2010），其组织培养研究很少。吴丽圆等以蓝桉优树茎段为外植体探讨其组培技术，腋芽诱导率最高81.5%，增殖系数最高3，生根率最高26.4%（吴丽圆等，1996）。可见蓝桉组织培养研究虽然取得了一定的进展，也获得了完整的植株，但生根率很低。刘云彩等以直干桉优树茎段为外植体探讨其组培技术，褐化率控制在 30%，芽萌动率最高 63.1%，增殖系数最高 3，生根率为 43%~64.2%，移栽成活率 72.6%（刘云彩等，1996）。佘小涵以直干桉优树茎段为外植体研究其组培快繁，褐化率控制在 71%，芽萌动率最高 50.6%，增殖系数最高 3.7，生根率 81%，移栽成活率 65%（佘小涵等，2002）。可见，直干桉的组织培养研究虽然取得了一定的进展，也获得了完整的植株，但其稳定高效组培技术体系的建立还有待进一步的研究。王晓丽等（2019a；2019b）分别以蓝桉和直干桉超级苗茎段为外植体，通过正交试验等探讨外植体消毒、外植体采集季节、外植体褐化防除、腋芽诱导、不定芽增殖、生根培养和移栽炼苗的最佳处理措施，构建蓝桉（图 5-1~图 5-3）和直干桉（图 5-4~图 5-7）超级苗组织培养的技术体系，使选育出的优良单株无性系化，提高蓝桉和直干桉组培繁殖效率，为蓝桉和直干桉良种应用和推广提供技术和基础条件支持，为进一步开展蓝桉和直干桉的工厂化育苗奠定基础。

图 5-1　蓝桉腋芽诱导

图 5-2　蓝桉不定芽增殖

 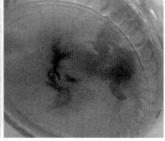

图 5-3 蓝桉生根培养

图 5-4 直干桉腋芽诱导

图 5-5 直干桉不定芽增殖

图 5-6 直干桉生根　　　图 5-7 直干桉移栽

蓝桉超级苗组培快繁技术体系构建结果表明：外植体联合消毒的最佳处理为75%乙醇消毒20s，3%洁尔灭消毒1min和0.05%升汞消毒6.5min；外植体适宜采集时期为10月，污染率和褐变率均最低，且存活率和萌芽率均最高；腋芽诱导的最佳体系为改良的MS培养基、0.5mg/L的KT、0.4mg/L的6-BA和0.5mg/L的NAA，可极显著提高腋芽萌发率且诱导效果稳定；不定芽增殖的最佳处理为改良的1/2MS培养基、0.3mg/L的6-BA和0.5mg/L的NAA，可极显著提高增殖系数，使20d的增殖系数达2.75；生根培养的最佳处理为改良的1/2MS培养基、0.2mg/L的NAA、0.5mg/L的IBA和0.8mg/L的ABT生根粉，可极显著提高生根率和单株生根数量且结果稳定，使生根率达64.38%，单株生根数量达2.70。

直干桉超级苗组培快繁技术体系构建结果表明：外植体联合消毒的最佳处理为75%乙醇消毒20s，1%洁尔灭消毒2min和0.1%升汞消毒5min，在控制污染率的同时，成活率极显著高于其他处理方法；暗培养在降低外植体褐化率、提高成活率方面具有极显著效应；腋芽诱导的最佳体系为改良的MS培养基、0.6mg/L 6-BA和0.5mg/L NAA，在提高腋芽萌发率的同时，可使芽长、芽壮且结果稳定；不定芽增殖的最佳处理为改良的H培养基、1.0mg/L 6-BA和0.1mg/L IBA，不但增大增殖系数，同时还缩短了增殖培养时间；生根培养的最佳处理为改良的White培养基、0.3mg/L IBA和0.1mg/L NAA，可极显著提高生根率、缩短生根时间且结果稳定；移栽培育的适宜基质组成为珍珠岩：腐殖土：草炭=1：1：1，成活率显著高于其他基质组成。

综上所述，根据本书作者多年从事蓝桉和直干桉良种壮苗繁育工作的经验，认为蓝桉和直干桉组培快繁技术体系的构建是非常合适的林木组培快繁育苗专题的案例材料。

5.4.2 案例的课堂设计

第一，明确本案例教学的学习目标：①掌握植物组培育苗的主要流程、基本操作技术、常见问题及其解决方法。②学会综合运用"森林培育学"和"植物组织培养"中的苗木培育的理论和技术开展林木组培育苗工作，依据植物种的无性繁殖特性，采用合适的植物材料作为外植体，优化外植体消毒、初代培养、继代培养、生根培养和移栽炼苗等主要流程的试验条件，掌握其操作关键技术要点，构建组培技术体系，在降低育苗成本的同时，获得大量的、健壮的营养繁殖苗用于造林工作。总的学习目标可以分解为以下4个具体目标：①熟知常见树种的无性繁殖特性，了解其无性繁殖，尤其是组培繁殖的现状。②熟知植物组培的主要流程、常用设备、基本操作技术、常见问题及对策。③掌握林木组培中外植体选取（外植体材料、采样时间和季节等），外植体消毒（消毒剂种类、浓度、处理时间等），初代培养（降低褐化率、筛选培养基种类和成分、调控培养环境条件等），继代培养（筛选培养基种类和成分、调控培养环境条件等），生根培养（筛选培养基种类和成分、调控培养环境条件等），移栽炼苗（移栽前苗木锻炼方法、移栽培育的适宜基质、移栽培育的环境调控）等主要流程的处理方法及关键技术。④掌握常见主要造林树种无性繁殖苗的生长发育规律，以便组培苗移栽培育中的水肥调控管理，同时掌握苗期常见病虫害防治方法与技术，通过合理的苗木日常管理，获得健壮的苗木，满足造林工作对种植材料的要求。

第二，设计引发讨论的问题如下（按问题提出的顺序列出）：①大家以前有没有见过或做过组培育苗呢？组培育苗或组培苗有什么优势呢？组培育苗或组培苗有什么缺点呢？这几个问题交流讨论之后，学生会对组培育苗或组培苗的特点有了一定的了解和认识。②通过刚才大家看到的蓝桉和直干桉组培育苗过程中的图片或瓶苗实物，请大家总结一下，组培育苗的主要流程和环节以及各流程可以解决的主要问题。这个问题交流讨论之后，学生会对植物组培的主要流程和每个流程的作用有了直观的、深入的认知。③组培育苗时，外植体的选取需要注意什么呢？外植体的消毒需要在保证存活率和控制污染率之间找到平衡点，因此消毒试剂的种类、浓度和处理时间是关键，那么常用的消毒剂种类有哪些呢？消毒剂浓度和处理时间大概控制在什么范围内呢？初代培养中，如果植物材料的褐化问题比较严重，如何解决呢？如果芽诱导的时间较长、芽的诱导率比较低，其解决方法是什么呢？继代培养中，如果芽增殖系数较低、芽生长缓慢或芽弱小，如何解决呢？生根培养中，不生根或生根缓慢或生根数量少，如何解决呢？移栽炼苗中，苗木死亡率较高，其对策是什么呢？这一系列问题交流讨论之后，学生会对林木组培育苗过程和技术体系有清晰、完整的认知，明白要实现某个目标应该怎么做以及还可以怎么做。期间若学生交流分析不全面，则教师进行补充讲解。④大家了解常见主要造林树种无性繁殖苗木的生长发育规律吗？例如，在一个年生长周期内，某个树种无性繁殖苗木的根系、苗高及地径的速生期分别是什么时候？不同阶段的水肥管理的要点是什么？苗期主要的病虫害种类有哪些？主要病虫害防治的方法和技术要点是什么？这几个问题交流讨论之后，学生会对身边常见树种的无性繁殖苗木的生长发育规律和壮苗培育的主要调控措施有了一个比较深入的认知，学生会清楚从哪些方面调控以及如何调控育苗过程，从而获得健壮的苗木。期间若学生交流分析不全面，则教师进行补充讲解。

第三，设计开场，该案例教学采用直接向学生抛出问题的开场方式。

第四，板书规划，依据引发讨论的主要问题数目，将黑板分成 4 个区域，每个区域书写相应的讨论题目，题目下方记录学生回答的要点或关键词。

5.4.3 案例教学的组织实施

本部分案例教学的组织实施参见 2.5.3。

5.4.4 教学效果分析评价

本部分教学效果分析评价的思路、原则和调查表参见 2.5.4。

5.5 小结

本章以林木组培快繁育苗专题为教学内容，通过植物组培理论与技术（组培育苗的优越性和组培苗的市场需求；组培所需的实验室与设备、培养基的制备和实验的消毒工作等组培基本操作技术；组培育苗的主要程序、外植体种类和选取原则、组培常见问题及解决办法、组培成苗的途径、体胚发生途径的研究现状）的课堂讲授，结合林木组培快繁育苗案例教学（适宜案例材料的选取、详细的案例课堂设计、有序的案例教学组织实施和科学的案例教学效果分析评价）的课堂交流讨论，使学生在深入理解理论知识的基础上，熟练掌握组培育苗主要流程的关键技术，将理性认知和感性认知相结合，构建系统的组培快繁育苗知识体系，解决林木组培快繁育苗工作中的实际问题，提高学生分析和解决问题的能力，提升学生的专业能力和职业能力。

第 6 章

林木良种壮苗繁育专题

6.1 林木良种生产

林木种子是指林业生产中被作为苗木繁育的所有播种材料的总称（沈国舫，2001；沈海龙，2009）。它包括植物学上所形成的由胚珠发育成的真正种子，由子房发育的果实，能进行无性繁殖的各种营养器官。良种是指遗传品质和播种品质都优良的种子（沈国舫，2001；沈海龙，2009）。遗传品质包括用良种造林形成林分的速生性、丰产性、优质性和抗逆性等方面的特点。播种品质包括种子的物理特性、使用特性和发芽特性等方面的特点。

6.1.1 林木发育与结实

依据林木的结实情况，可将实生起源林木的生殖发育过程划分为幼年期、青年期、壮年期和老年期4个时期（沈国舫，2001；沈海龙，2009）。幼年期是从种子萌发开始到开始结实为止；青年期是从第一次开花结实开始到大量结实为止；壮年期是从大量结实开始到结实量大幅度下降为止；老年期是从结实量大幅度下降开始到树木死亡。幼年期是树木形体建造阶段，发育阶段年幼，适宜采集营养繁殖材料；青年期结实量不多，但种实可塑性大，是引种用种实采集的最适期；壮年期是生殖生长的旺盛时期，种实产量高、质量好，是采种的最佳时期；老年期结实量少，种实质量差，种子不能用于育苗和造林。依据无性繁殖材料的不同，无性起源的林木的生殖发育过程有所不同，若源于幼年期的无性繁殖材料（如树干基部萌条、幼年期的实生苗枝条、幼年期的体胚苗枝条等），则生殖发育过程与实生起源的相同；若源于成年期的无性繁殖材料（如成年树木树冠上部枝条），则第一个时期为幼树期，其余3个时期与实生起源的相同。林木种子生产应考虑林木生殖发育时期，在最佳的时期采集种子，有利于林木良种生产。

6.1.2 林木种子发育与成熟

种子的发育过程可以用干重的累积作为指标。授粉后，种子的干重逐渐上升，直至成熟时，种子的干重不再增加。通常在干物质累积的初期，胚与贮藏养分器官的发育以细胞分裂与分化为主，充实中后期则主要在进行贮藏养分器官的细胞扩充并累积养分。种子发育充实是为了累积足够的材料，以便作为成熟后发芽时养分的来源。种子的发育过程，外观形态也会发生明显的变化，如种子体积不断增大以及颜色的变化等。根据林木种子成熟时的特征和状态，把种子的成熟分为生理成熟和形态成熟，有的树种种子还具有生理后熟（沈海龙，2009）。一般情况下，完成形态成熟的种子，其发芽特性和贮藏性都更好，所以林木种子生产通常以完成形态成熟作为采种的依据。球果类形态成熟时的主要特征有果鳞干燥、硬化、微裂、变色；干果类形态成熟时的主要特征有果皮变色、干燥、硬化、紧缩；肉质果类形态成熟时的主要特征有果皮软化、变色（沈国舫，2001；沈海龙，2009）。了解林木种子发育过程与成熟时的特征，有助于确定最佳的采种期，提高种子的质量，利于林木良种生产。

6.1.3 林木良种获取途径与良种生产基地

林木种苗是人工林培育的物质基础，是林业生产最基本的生产资料，林木良种是确保人工林培育质量的根本。林木良种在现代林业中已经表现出越来越明显的效益，如美国东南部的湿地松、火炬松造林，新西兰的辐射松造林，世界各地的杨树造林，我国的桉树造林所取得的巨大成绩，良种都起到了举足轻重的作用（沈海龙，2009）。

林木良种获取途径主要有优树、超级苗、母树林、种子园、采穗圃以及人工控制授粉等（沈海龙，2009）。林木良种扩繁途径主要有扦插、嫁接、组培等。良种基地是指按照国家营建种子园、母树林、采穗圃等有关规定的要求而建立的，专门从事良种生产的场所，因此林木良种生产基地主要有母树林、种子园和采穗圃（沈国舫，2001）。

母树林又称"种子林"，是在天然林、人工林优良林分的基础上，经过留优去劣的疏伐改造，为生产遗传品质良好的林木种子而建立的采种林分。母树林的主要任务是生产品质优良的林木种子。母树林在实现良种化基地过程中是初级的，一般增益在3%~7%。母树林生产良种速度快，成本低，一般3~5年能见成效；母树林改善了母树生长环境条件（改善光照、水肥条件），种子产量会有大幅增加；母树林经过留优去劣的疏伐改造，林分中优良个体的比例提高，林木的遗传品质较为优良，种子的遗传品质得到改善（沈国舫，2001；沈海龙，2009）。

种子园是由优树的无性系或家系营建而成，以生产优良种子为目的的特种种植园。种子园面积集中，管理方便，开花结实早，遗传品质优良，遗传增益高，一般增益在15%~40%，种子产量大，种子园是世界林木良种基地的发展方向（沈国舫，2001；沈海龙，2009）。根据建园母树的繁殖方法，可分为无性系种子园和实生种子园。根据建园繁殖材料经过选择鉴定的情况，可分为一代种子园、一代去劣种子园、一代改良种子园和高世代种子园。提高种子园种实产量的措施主要有在保证遗传品质好的前提下，选择种实产量高的无性系作为建园材料；在立地条件适宜的地点建园；合理施肥与灌溉，做好林地管理；及时整形修剪，做好树体管理。

采穗圃是以优树或优良无性系为材料，以生产遗传品质优良的种条和种根为目的而建立的良种繁殖场所（沈国舫，2001）。采穗圃可提供建立林木种子园及生产性苗圃所需的无性繁殖材料。目前，采穗圃和种子园共同构成林木良种繁殖的主要基地。采穗圃可以持续不断地供应大量优质种条。采穗圃可分为初级采穗圃和高级采穗圃。初级采穗圃是从未经测定的优树上采集下来的材料建立的，其任务只为提供建立一代无性系种子园、无性系测定和资源保存所需的枝条、接穗和根段。高级采穗圃是由经过测定的优良无性系、人工杂交选育定型树或优良品种上采集的营养繁殖材料而建立起来的，其目的是为建立一代改良无性系种子园或为优良无性系、品种的推广提供枝条、接穗和根段。采穗圃的配置方式有乔林式和灌丛式。以提供接穗为目的的采穗圃，通常采用乔林式配置，株行距 4~6m；以提供枝条和根段为目的的采穗圃，通常采用灌丛式配置，株行距 0.5~1.5m。

6.2 林木壮苗培育

壮苗是指生长发育健壮，抗逆性强，移植或造林成活率高，生长快的苗木（沈海龙，2009）。培育出大量的、高比例的壮苗，是林木育苗工作的目标。要实现这个目标，除了保证良种的使用之外，还要保证良好的苗圃土壤肥力、适宜的光照和温度条件以及有效的灾害控制措施。苗圃土壤肥力调控主要包括土壤管理（土壤耕作或人工基质调配、施肥、接种菌根菌或根瘤菌）和水分管理（灌溉）。光照和温度调控主要包括遮阴处理、增强光照处理、增温处理和降温处理。灾害控制主要包括病虫害防治和杂草控制。

土壤耕作是用物理、机械的方法改善土壤的结构和水、气、热等条件。土壤改良是用物理的、化学的、生物的方法调节土壤中水分、养分、通气和生物等状况。对于容器育苗，人工基质的调控与制备具有土壤耕作和土壤改良的作用。土壤耕作主要包括浅耕、耕地、耙地、镇压、中耕等环节，浅耕的深度一般 10cm 左右，耕地的深度通常 25cm 左右（播种苗 20~25cm，移植苗 25~30cm），中耕是苗木生长季节结合除草进行的疏松表层土壤的耕作。土壤改良主要包括轮作、施肥、接种菌根菌或根瘤菌等措施，除了具菌根菌和根瘤菌的树种，一般树种育苗提倡轮作；苗圃常用肥料主要包括有机肥料（基肥为主）、矿物质肥料（追肥为主）和微生物肥料，施肥时应综合考虑土壤条件、天气状况、苗木特性和肥料特性，多种肥料配合施用；有的树种具菌根菌（云南松、蓝桉、直干桉等），有的树种具根瘤菌（旱冬瓜、马占相思、大叶相思等），这些树种育苗时，需相应的接种菌根菌或根瘤菌，可用其森林土接种，也可用特定菌液接种。水分管理强调播种前灌足底水，出苗期和幼苗期灌水需少量多次，速生期灌水可少次多量（灌足、灌透），苗木硬化期应减少或停止灌溉；灌溉时间一般以早晨和傍晚为宜，此时水温与地温较接近，有利于苗木生长（沈国舫，2001；沈海龙，2009）。

苗床覆盖可以起到保水、保温或增温的作用，覆盖材料主要有塑料薄膜、松针、草帘、床面增温剂等。遮阴具有降低光照强度和降温的作用，夏季育苗常在苗床上方搭遮阴网防止强光照和高温对苗木的伤害，夏季中午高温时也常用喷灌降温。设施育苗时，通过人工光源补光，适当延长苗木的光照时间和增加光照强度，可促进苗木生长。杂草控制方面，目前除草的方法主要有人工除草、机械除草（割灌机）、化学除草（除草剂）和生物除草（昆虫、病原菌、线虫、动物、化感物质），除草剂的使用方法有喷雾法和毒土法（沈海龙，2009）。病虫害控制方面，坚持以防为主，综合防治的方针，依据日常的病虫害监测情况，做好防治工作，将病虫害控制在产生明显经济损失之前。如育苗之前，要清楚苗圃地的前作及其病虫害发生情况，如果苗木根部病害（苗木猝倒病、根癌病和根结线虫病等）发生严重的圃地，应避免连作松杉类针叶树种，可轮作阔叶树种以减轻病害。

苗木质量是指苗木在类型、年龄、形态、生理及活力等方面满足特定立地条件下实现造林目标的程度（沈国舫，2001；沈海龙，2009）。苗木质量评价和控制的目的是保证壮苗的生产。苗木调查是苗木质量评价的前期工作，依据《主要造林树种苗木》(GB 6000—1985)、《育苗技术规程》(GB 6001—1985)和《主要造林树种苗木质量分级》(GB 6000—1999)开展苗木调查工作。苗木检测抽样数量要求如下：苗木株数500~1 000株，检测株数50株；苗木株数1 001~10 000株，检测株数100株；苗木株数10 001~50 000株，检测株数250株；苗木株数50 001~100 000株，检测株数350株；苗木株数100 001~500 000株，检测株数500株；苗木株数500 001以上，检测株数750株。苗木调查的形态测定指标主要有苗高、地径、主根长和侧根数等；生理测定指标主要有根生长潜力、苗木含水量、电导率、叶绿素含量等；生化测定指标主要有根系活力、保护酶活性、碳水化合物含量等，可依据上述多种测定指标综合评价苗木质量。但苗木生产上，往往依据苗木的综合控制条件（有无病虫害和机械损伤、苗干是否顺直、有无正常且饱满的顶芽等）、根系（主根是否正常以及侧根和须根数量的多少和长度）、地径（是否粗壮）、苗高（是否达到一定高度）对苗木进行分级，Ⅰ级苗和Ⅱ级苗为合格苗，Ⅲ级苗为废苗。

6.3 林木良种壮苗繁育的案例教学

6.3.1 案例材料的选取

针对西南林业大学森林培育专业学生以云南生源为主的特点，尽可能立足身边，选大家熟悉的树种作为案例教学的树种。本书作者长年在我国西南地区从事森林培育的教学和科研工作，根据其对华山松、云南松、蓝桉和直干桉等树种良种壮苗繁育工作的研究与实践，目前基本形成了从良种选育（超级苗选育），到良种扩繁（无性快繁技术体系的建立），再到水肥管理（水分调控、养分调控、菌根化育苗调控）等比较完整的良种壮苗培育技术体系，认为以下几个树种的良种壮苗繁育是非常合适的案例材料。

华山松是松科松属的高大乔木，高达35m，胸径达1m，原产于我国，现主产于我国中部至西南部高山。华山松喜温凉湿润气候，不耐寒及湿热，稍耐干燥瘠薄。木材可用于建筑、家具及木纤维工业，树干可割取树脂，树皮可提取栲胶，针叶可提炼芳香油，种子可食用也可榨油，因此，华山松是优良的多用途树种（中国科学院昆明植物研究所，1986；中国科学院中国植物志编辑委员会，1978）。鉴于华山松较高的经济效益和生态效益，云南和贵州多地常将华山松作为主要造林树种。为满足华山松人工林培育对其优良种质资源的需求，云南省楚雄州林业和草原局依托紫溪山自然保护区和位于紫溪山自然保护区内的华山松种子园基地，建成了国家华山松良种基地和楚雄州国家储备林建设华山松种子基地。位于紫溪山自然保护区内的华山松种子园基地（图6-1）始建于1986年，历时14年，于2000年完成建设；技术指导单位为西南林业大学。该种子园基地总面积是30hm²，其中无性系种子园26.67hm²（试验区约6.47hm²，种子生产区20.2hm²），优树自由授粉子测林约3.34hm²。该无性系种子园约6.47hm²试验区的组成如下：采穗圃约0.94hm²，收集区约2.27hm²，丰产栽培试验区1.8hm²，密度试验区1.07hm²，去劣疏伐区0.4hm²。

a. 国家华山松良种基地

b. 国家储备林建设华山松种子基地

c. 楚雄市华山松种子园

d. 华山松种子园简介

e. 华山松无性系种子园林木

f. 华山松种子园生产的球果

图6-1 云南省楚雄州紫溪山华山松种子园

云南松为常绿针叶乔木，高可达30m，胸径达1m，适应性和天然更新能力都很强（云南省林业厅，1996）。云南松是我国西南地区特有的用材树种，以云南省为分布中心，四川的西南部、西藏的东南部、贵州和广西的西部皆有分布，在我国西南地区形成了大面积的天然林和人工林，是一个生态、经济和社会效益高的树种（金振洲等，2004）。但是天然林由于之前的人为粗放择伐等活动，人工林由于采种的人为负向选择或造林用种质来源不清楚，导致林分中弯曲、扭曲、低矮等不良个体的比例较大，因此云南松林分衰退问题日渐突出（蔡年辉等，2016；王磊等，2018；王晓丽，2019）。依托云南松生产性育种工作，在楚雄一平浪林场和大理弥渡县分别建立了云南松一代无性系种子园（图6-2），以生产云南松良种（李连芳等，2010）。

a. 云南松种子园林木　　　　　　　　　　　　b. 云南松种子园林木结实

图 6-2　云南省大理州弥渡县云南松种子园

　　林木超级苗选择是根据林木生长性状在早、晚龄间存在的正相关关系，针对其苗期生长表现进行的优良个体选择，是早期获得优良基因型的主要途径之一，可以缩短育种周期，加速育种进程，为林木优良种质资源的保存和利用提供基础材料（马常耕，1996；刘代亿等，2010；吕学辉等，2012）。刘代亿等（2010）提出在苗圃地立地条件一致，管理措施相同的情况下，苗木的高、径生长量表现优良的个体很可能是优良基因型（生长性状分化是遗传基础差异的表现），通过调查测量苗木总体平均生长量，按照一定比例遴选出那些生长量大、表现特别突出的苗木，即可选出超级苗。刘代亿等（2010）对云南松一般苗木进行超级苗选育研究，发现1、2、3年生的云南松苗木同龄级个体间的苗高、地径生长量均存在极显著差异；吕学辉等（2012）以云南松优良家系半同胞子代1年生苗木为试材，开展超级苗选育工作，认为家系之间以及同一家系不同个体之间的苗高、地径生长量皆存在极显著差异。

　　王晓丽等（2020a）对材用云南松核心种质库中保存的16个家系的半同胞子代苗木，开展超级苗初步选育研究（图6-3），结果表明6个月生和12个月生的材用云南松苗木的苗高和地径在家系间和家系内均存在显著差异；两个苗龄的材用云南松苗木的苗高生长量差异均大于地径生长量差异；不同家系的苗高生长量与地径生长量间既具有一定的相关性和协同性，又存在异速性，且同一家系的生长量（苗高和地径）在不同苗龄期存在异速性，因此材用云南松超级苗选择应以苗高为主、地径为辅。考虑入选率和实际工作中对苗木数量的需求，以及入选苗木的生长指标整体质量情况，材用云南松超级苗选择标准为平均苗高加上2倍标准差。依据此超级苗选择指标和标准，从16个供试材用云南松家系中，共筛选出46株超级苗，苗高生长量增率最高达62.20%，超级苗选择效果显著。

　　蓝桉和直干桉皆为引种于我国西南地区的油材两用树种，常作为短周期工业用材林或油用经济林种植，均为世界桉叶油生产的主要来源植物（Corredoira et al.，2015）。王晓丽等（2018）以5个月生和10个月生蓝桉实生苗为研究材料，进行材用蓝桉超级苗选育研究（图6-4），研究发现同龄级苗木的苗高生长变异系数均大于地径生长变异系数，且同龄级苗木苗高与地径均存在极显著正相关，所以材用蓝桉超级苗选择应以苗高生长量为主、地径生长量为辅，综合考虑入选率和实际工作中对苗木数量的需求，以及入选苗木的生长指标整体质量情况，两个苗龄超级苗初选标准皆为苗木平均苗高加上2倍标准差。蓝桉5月龄为其合适的超级苗选择年龄，入选的超级苗在生长量上具有较大的增量优势。

王晓丽等（2020b）以2年生已做平茬处理的蓝桉实生苗为试验材料，分别于3个不同生长季节采集各样株的叶样，测定其叶片数量、叶片重量和叶片含油率，计算单株产油量，采用标准差法探讨高产油优良单株的苗期早期选择标准（图6-5），研究认为苗木具备进行高产油优良单株选择的基础；同一生长季节苗木间的单株叶片重量差异大于单株叶片数量和叶片含油率差异；苗木的叶片含油率在3个生长季节间呈极显著差异，该指标的季节稳定性相较其他2个指标更差；同一生长季节苗木的单株叶片重量、叶片数量和叶片含油率两两间均呈极显著正相关；蓝桉高产油优良单株苗期选择标准为苗木的平均单株叶片重量加上其2倍标准差，依此选择标准选出的高产油优良单株具有很大的增量优势，选择效果明显。

图6-3 材用云南松超级苗选育　　图6-4 材用蓝桉超级苗选育　　图6-5 油用蓝桉超级苗选育

蓝桉、直干桉超级苗组培快繁技术体系的构建具体参见本书5.4.1（王晓丽等，2019a；2019b）（图6-6、图6-7）。本书作者以1年生蓝桉实生苗为采穗母树，通过正交试验设计及全因子试验设计进行扦插试验，探索影响蓝桉扦插生根的主要因素及适合的浓度水平，提高蓝桉的扦插生根率和愈伤产生率，以建立蓝桉的扦插繁殖技术体系（图6-8）。研究结果表明，4个因素（ABT浓度、IBA浓度、插穗来源和NAA浓度）中，有2个因素（ABT浓度和IBA浓度）对蓝桉扦插生根率有显著影响；蓝桉扦插生根的最优处理组合为A_1B_2（ABT浓度250mg/L，IBA浓度500mg/L），该处理组合的蓝桉生根率（51.40%）最高，因此其可作为蓝桉扦插繁殖外源激素处理的依据。

  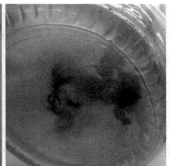

a. 蓝桉腋芽诱导　　　　　　b. 蓝桉不定芽增殖　　　　　　c. 蓝桉生根培养

图 6-6　蓝桉组培繁殖

a. 直干桉腋芽诱导　　　　　　b. 直干桉不定芽增殖　　　　　　c. 直干桉生根

图 6-7　直干桉组培繁殖

中国沙棘是胡颓子科沙棘属的模式种——沙棘的一个亚种（廉永善等，2000），为落叶灌木或小乔木，高 1.5~5m，阴湿地区可高达几十米。中国沙棘是一种喜水、耐寒、耐旱、喜沙壤性土的喜光树种，是我国北方干旱、半干旱地区优良的多用途树种，在生态环境建设与林业产业发展中具有不可替代的地位和作用（高志义等，1989）。本书作者曾在半干旱地区研究不同灌水强度对中国沙棘的种群克隆繁殖特性的影响及其作用规律。调查不同灌水强度（试验区年均降水量为 300mm，灌水强度分为 3 个梯度，分别相当于试验区年均降水量的 3 倍、6 倍、9 倍，以不灌水作为对照，包括干旱胁迫、水分适宜和水分过多整

图 6-8　蓝桉扦插繁殖

个变化过程）条件下，中国沙棘克隆器官的特性（克隆繁殖能力、克隆器官延伸能力、克隆器官分枝强度等指标）和克隆繁殖产生的当年生子株的生长形态指标（图 6-9），分析不同灌水强度对中国沙棘克隆繁殖特性和苗木生长的影响及其作用规律，根据水分条件对

中国沙棘克隆繁殖特性的作用规律找出最适合中国沙棘种群发展的灌水强度。回归分析表明当灌水强度为 1 500~2 100mm、相当于试区年降水量的 5.0~7.0 倍时，中国沙棘的克隆生长及繁殖能力最大，可作为当地中国沙棘灌水的参考值。

王晓丽等（2019）以 6 个月生云南松苗木为研究材料，采用称重法控制土壤含水量对苗木进行水分调控，设置充分供水（T1）、正常水分（T2）、轻度干旱胁迫（T3）、中度干旱胁迫（T4）、重度干旱胁迫（T5）和极重度干旱胁迫（T6）6 个水分处理梯度，T1、T2、T3、T4、T5 和 T6 处理的土壤水分含量依次为田间最大持水量的 90%~95%、75%~80%、60%~65%、45%~50%、30%~35% 和 15%~20%，探讨不同土壤水分环境对云南松苗木生长形态指标和生物量的影响（图 6-10）。研究结果表明，相对于针叶长来说，地径对干旱胁迫更为敏感，程度较小的干旱胁迫即可引起地径生长的显著降低，随着干旱胁迫程度的加大，主根长呈先增加后减小的变化趋势，中度干旱胁迫（T4）是主根长生长的转折点；高强度干旱胁迫对苗木生物量的抑制效应在器官间表现不均衡，苗木根受到的抑制作用更强，中度干旱胁迫（T4）处理时苗木根生物量比最大，同时叶生物量比最小，一定程度的干旱胁迫有利于苗木对根和叶生物量比的调整；土壤水分过多或者过于干旱都不利于苗木的苗高、主根长、针叶长和一级侧根数的生长，轻度干旱胁迫有利于促进苗高、针叶长和一级侧根数的增加，主根长在中度干旱胁迫时达最大，研究结果为云南松苗木培育中的适宜土壤含水量的确定提供了依据。

本书作者以 5 个月生直干桉实生苗为试材，采用氮、磷两因素三水平 3×3 回归正交设计开展施肥调控试验（图 6-11、图 6-12），通过测定苗木生长形态指标、生物量和各器官养分含量，分析施肥对苗木生长和生物量累积的影响及其养分生理基础，探讨利于苗木生长的最佳施肥量，指导壮苗培育中的养分管理调控。研究结果表明：利于苗高和地径生长的最佳试验组合均为处理组合 5（氮肥 0.55g/株、磷肥 0.60g/株配施）。氮肥对苗高生长和总

图 6-9　中国沙棘苗木水分调控

图 6-10　云南松苗木水分调控

图 6-11　直干桉苗木养分调控

生物量累积的促进作用好于磷肥，磷肥对地径生长的促进作用好于氮肥。苗高、地径生长和总生物量累积均随氮、磷配施施肥量的增加呈先增大后减小的趋势，氮、磷配施对苗高、地径生长和总生物量累积的促进效果皆好于单施氮肥及单施磷肥，苗木生长的理论最佳施肥量为氮肥0.60g/株、磷肥0.66g/株配施。氮肥、磷肥施用量分别对苗木各器官的全氮、全磷含量有显著影响，但氮、磷配施对苗木各器官全氮、全磷累积的促进作用皆不显著。

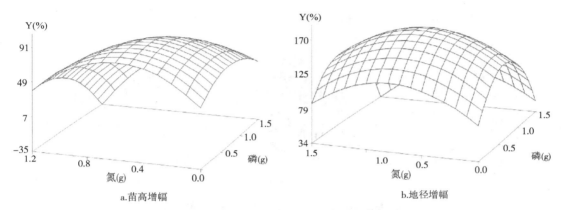

图6-12 直干桉苗高、地径增幅对氮、磷配施的响应曲面

Wang et al.（2020）从位于云南省昆明市的直干桉人工林中采集其根际土壤，调查菌根菌的种类和优势种；通过控制育苗基质中菌根菌菌群的数量（每个育苗容器装填1.5kg基质，处理1为灭菌的根际土，菌群数量为0；处理2为1/2重量不灭菌的根际土加1/2重量灭菌的根际土，菌群数量为50%；处理3为不灭菌的根际土，菌群数量为100%），分析菌根菌对直干桉苗木生长和养分特性的影响；通过育苗前后基质中菌根菌孢子数量变化与苗木生长指标、养分指标的逐步回归分析，探讨影响苗木生长的主要菌根菌种类，以期从菌根化育苗方面为直干桉壮苗培育提供理论依据和实践指导（图6-13~图6-15）。研究结果表明，直干桉人工林根际土中分离出3属5种菌根真菌，分别是幼套近明球囊霉、缩隔球囊霉、摩西球囊霉、多梗球囊霉和聚丛枝球囊霉，其中摩西球囊霉和聚丛球囊霉为优势菌种，此两种菌根菌孢子密度之和占总孢子密度的65.88%。随着育苗基质中菌群数量的增多，苗木的菌根侵染率增大，侵染强度增强，苗木根区土壤中氮、磷和钾含量均呈增大的趋势，且处理3对其含量增加有显著促进作用；苗木地上部分氮含量随根区土壤氮含量的

图6-13 直干桉菌根化育苗调控

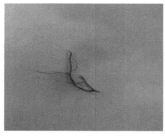 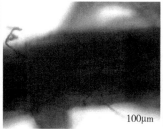 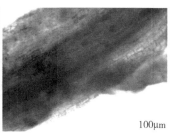

a. 菌根外观形态　　　　　b. 根内菌丝　　　　　c. 根内泡囊

图 6-14　直干桉苗木根部菌根外观形态、根内菌丝和真菌泡囊（×400）

 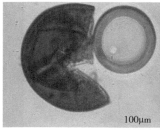 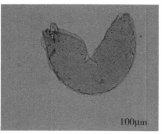

a. 摩西球囊霉　　　　　b. 多梗球囊霉　　　　　c. 聚丛球囊霉

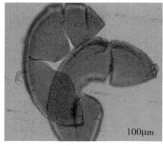 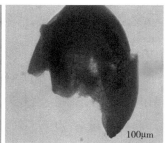

d. 幼套近明球囊霉　　　　e. 缩隔球囊霉

图 6-15　直干桉根际土中菌根真菌孢子形态特征（×400）

增加而增大，根区土壤氮、磷含量可分别促进苗木对磷、氮的吸收和积累；菌根菌可促进苗木根、茎、叶中氮、磷、钾含量的增大，且与对照相比，处理3对其含量增加具有显著效应；处理3对苗木根系生长尤其是二级侧根的数量以及根系活力均具有显著的促进作用，同时显著促进苗高生长。说明育苗基质中接种一定数量的菌根菌，可为苗木生长过程中氮、磷、钾养分的吸收提供更多的可利用的土壤养分来源，同时提高苗木根系的吸收能力，进而提高苗木对氮、磷、钾的吸收和积累，从而促进苗木的生长。对直干桉苗木养分吸收能力起主要促进作用的菌种是聚丛球囊霉、多梗球囊霉和幼套近明球囊霉。

6.3.2　案例的课堂设计

第一，明确本案例教学的学习目标：学会综合运用"森林培育学"中的良种选育的途径、良种快繁的方法和壮苗培育的调控之理论和技术来理解并解决良种壮苗繁育的问题。

总的学习目标可以分解为以下 3 个具体目标：①深入理解良种对苗木培育和林木生长的影响，认知良种的重要性，明确如何获取良种（优树、母树林、种子园、超级苗、人工控制授粉等）；②认知林木无性快繁在森林培育中的重要性，了解常见的苗木无性繁殖方法（扦插、组培、嫁接、压条等）的技术关键；③认知水肥调控和菌根菌（根瘤菌）接种对苗木生长的影响效应，明晰壮苗培育的重要性。

第二，设计引发讨论的问题如下（按问题提出的顺序列出）：①大家知道什么是良种吗？如何获取良种呢？大家了解华山松、云南松、蓝桉和直干桉这几个树种的主要用途吗？对于华山松、云南松、蓝桉和直干桉这几个树种来说，良种选育的主要目标是什么呢？这几个问题交流讨论之后，学生会对良种的概念、良种的重要性、良种的获取途径、以及某树种良种选育的目标有了一个比较全面的认知。②大家知道什么是无性繁殖吗？无性繁殖有什么遗传效应（优点和缺点）呢？无性繁殖的应用包括哪些呢？常见的苗木无性繁殖方法（扦插、组培、嫁接、压条等）的技术关键是什么呢？这几个问题交流讨论之后，学生会对无性繁殖有一个清楚的认知，但是常见的苗木无性繁殖方法各自的技术关键可能不会一下切中要害，此时需要教师进行补充讲解。③大家知道什么是壮苗吗？苗木质量分级的主要测定指标和依据是什么呢？我们可以从哪些调控措施着手，来培育健壮的苗木呢？这几个问题交流讨论之后，学生会对壮苗的形态表现和苗木质量分级的主要依据印象深刻，但是壮苗培育的具体调控措施分析可能会不全面，此时需要教师进行补充讲解。④最后请大家归纳总结一下林木良种壮苗繁育的理论和技术体系（良种选育→良种快繁→壮苗培育），这个问题交流讨论之后，学生会把"森林培育学"中所学的林木种子生产和苗木培育的知识点串起来，真正实现活学活用。

第三，设计开场，该案例教学采用直接向学生抛出问题的开场方式。

第四，板书规划，依据引发讨论的主要问题数目，将黑板分成 4 个区域，每个区域书写相应的讨论题目，题目下方记录学生回答的要点或关键词。

6.3.3　案例教学的组织实施

本部分案例教学的组织实施参见 2.5.3。

6.3.4　教学效果分析评价

本部分教学效果分析评价的思路、原则和调查表参见 2.5.4。

6.4　小结

本章以林木良种壮苗繁育专题为教学内容，通过林木良种生产和壮苗培育理论与技术（良种、林木发育与结实、林木种子发育与结实、林木良种获取途径与良种生产基地、壮苗、土壤耕作或人工基质调配、施肥、接种菌根菌或根瘤菌、水分管理、光照和温度调控、病虫害和杂草等灾害控制、苗木质量控制与评价）的课堂讲授，结合林木良种壮苗繁育案例教学（适宜案例材料的选取、详细的案例课堂设计、有序的案例教学组织实施和科学的案例教学效果分析评价）的课堂交流讨论，使学生在深入理解理论知识的基础上，熟练掌握林木良种生长和壮苗培育主要环节的关键技术，将理性认知和感性认知相结合，构建系统的良种壮苗繁育知识体系，解决林木良种壮苗繁育工作中的实际问题，提高学生分析和解决问题的能力，提升学生的专业能力和职业能力。

第 7 章

能源林培育专题

7.1 生物质能源概述

新能源是指传统能源之外的各种能源形式,包括太阳能、风能、生物质能、地热能、水能和海洋能以及由可再生能源衍生出来的生物燃料和氢所产生的能量。生物质是指由光合作用而产生的各种有机体,包括动植物和微生物。生物质能是以生物质为载体的能量,即通过植物光合功能把太阳能以化学能形式在生物质中存储的一种能量形式(李秀全等,2006)。生物质能的特点与优势(孙蕊,2014)主要有可再生性、清洁性(低氮、硫,二氧化碳吸收排放平衡)、普遍性、大量性(每年光合固碳相当于全世界每年耗能量的10倍,是仅次于煤炭、石油、天然气的第四大能源)、可替代化石燃料(是唯一能大规模替代石油的能源产品)、产品上的多样性(液态、固态、气态)、原料上的多样性、物质性(可以作为化工原料)和带动性(带动农业发展,解决"三农"问题)等。生物质能源既不同于常规的矿物能源,又有别于其他新能源,兼有两者的特点和优势,是人类最主要的可再生能源之一,生物质能源开启新能源时代之门。

能源用生物质资源的种类主要包括农业生物质资源(能源作物及其生产废弃物和加工废弃物)、林业生物质资源(油料能源林、淀粉能源林、薪炭林和三剩物)、畜禽粪便、生活污水和工业有机废水、城市固体有机废弃物。在世界能源消耗中,生物质能占总能耗的14%,但在发展中国家占40%以上,15亿人以生物质为主要燃料(传统利用)。瑞典的生物质能源消耗量占其能源消耗总量的62%以上,是发达国家使用生物质能源比例较高的国家(秦光华等,2018)。2050年人类50%的能源来自生物质能源(现代化利用)。我国每年经光合作用产生的生物质约 $1\,700 \times 10^8$ t(中国的生物质资源年产量是美国与加拿大总量的84%,是欧洲总量的121%,是非洲的131%),而作为能源的利用量还不到其总量的1%。

生物质能源的发展可分为4代:第一代生物质能源是以玉米、大豆、油菜等粮食作物为原料生产燃料乙醇或生物柴油;第二代生物质能源是以作物秸秆等为原料生产纤维素乙醇或生物油;第三代生物质能源是微藻养殖与生物燃料生产;第四代生物质能源是生物电池。生物质能转换技术有直接燃烧、生物转化、热化学转化和其他转化。直接燃烧包括传统燃料和秸秆发电等,传统燃料热效率低于30%,秸秆发电热效率可达90%。生物转化是利用微生物发酵方法将生物质能转变成燃料物质(液体燃料或气体燃料)的技术,通常液体燃料为乙醇,气体燃料为沼气(蒋建新等,2005)。热化学转化(热解液化)是指原料干燥处理后,不需添加催化剂,在650~800℃高温下,经一定的加热速率和产物停留时间,使原料热解产生生物油和气体或焦炭的技术,该技术可分为快速热解液化(生物油和气体)和慢速热解液化(生物油和焦炭)两种(蒋建新等,2005)。其他转化包括压缩成型、生物柴油和制氢等，压缩成型是指农林废弃物经粉碎后用机械加压的方法压缩成具有一定形状、密度较大的固体成型燃料的技术；生物柴油生产原料有地沟油、微藻、植物油、动物油和微生物等，植物油是发展生物柴油产业最为丰富的原料资源，制取途径分为草本油料作物、木本油料树种和水生油料植物三大类，其中草本油料作物和木本油料树种是最主要的，常见的草本油料作物包括油菜、大豆、花生、棉籽、亚麻等，常见的木本油料树种有棕榈（*Trachycarpus furtunei*）、麻疯树（*Jatropha curcas*）、黄连木（*Pistacia chinensis*）、文冠果（*Xanthoceras sorbifolium*）、光皮树（*Cornus wisoniana*）等，水生油料植物主要指油藻（李昌珠等，2005；曾炜，2009；吴琼，2009），生物柴油生产工艺有酸/碱催化法、超临界法和酶/细胞法（路璐，2013）；生物氢气生产中，莱茵衣藻产氢机理为：$2H_2O \rightarrow 4H^+ + 4e^- + O_2$，$2H^+ + 2e^- \rightarrow H_2$。

发展生物质能源是我国的国家能源政策。目前，我国生物质能源发展与利用基本情况为沼气在农村应用较为普遍，但分散、低效；生物质气化技术成熟，主要乡镇企业在发展；生物质发电技术成熟，但规模化发展刚刚起步；淀粉乙醇规模化发展，乙醇汽油已普遍使用；纤维素乙醇技术不够成熟（蒋建新等，2005）；生物制氢和含油藻工业化生产技术上不过关；生物柴油技术成熟，但缺少原料油（曾炜，2009）；油料能源林正大规模发展。

7.2 我国能源林发展历史及概况

"木，火之母也。"古代人伐木为薪，赖以生存。薪炭在古代中国的广泛应用，是农业文明不断演进和成熟的主要动力。在煤与石油得到大规模开发应用之前，几乎没有任何能源的重要性可与薪炭比肩。管仲主张薪炭林和建筑用材林由国家控制，定期开放，限制采用，征收税收。《陶朱公术》曰："种柳千树，则足柴。十年以后，髡一树得一载；岁髡二百树，五年一周。"是经营薪炭林的最早实践。2008—2013年，我国木炭年需求量基本稳定在 $180 \times 10^4 t$ 左右，2014年增长为 $190.8 \times 10^4 t$，但2014年我国木炭产量约 $175.8 \times 10^4 t$，年供需缺口达 $15 \times 10^4 t$。第二次全国森林资源清查时，我国薪炭林的面积为 $369.09 \times 10^4 hm^2$；此后一段时间薪炭林的面积呈稳步增长的趋势。第五次全国森林资源清查时，我国薪炭林的面积达到峰值，为 $445.17 \times 10^4 hm^2$；之后的一段时间薪炭林的面积逐渐下降。第七次全国森林资源清查时，我国薪炭林的面积仅为 $174.76 \times 10^4 hm^2$，薪炭林占有林地面积的比例也由之前的 3%~4% 降为 0.96%。

能源林是指以生产固体、液体、气体燃料等生物能源为主要目的而营造和经营的森林。传统的薪炭林属于能源林（万劲等，2006）。我国能源林的主要种类有木质能源林、油料能源林和淀粉能源林（许宇星等，2012）。以利用林木木质为主，将其转化为固体、液体、气体燃料或直接发电的能源林称为木质能源林（徐志等，2014）。木质能源包括薪炭林、木竹生产的剩余物、灌木平茬和抚育产生的枝条及小径材、经济林和城市绿化修剪枝杈等，全国现有可用木质能源约有 3.5×10^8 t，可替代 2×10^8 t 标准煤。我国主要木质能源树种有刺槐、木麻黄、旱冬瓜、苦楝（*Melia azedaeach*）等 34 种，隶属于豆科、木麻黄科、桦木科、楝科等 15 科，这些树种均具有适应性强、萌蘖力强、生长量大、生物量大、热值高的特点。以利用林木所含油脂为主，将其转化为生物柴油或其他化工替代产品的能源林称为油料能源林（徐志等，2014）。我国种子含油率在 40% 以上的油料植物超过 150 种，能够规模化培育的木本植物有 30 多种（张晓玲等，2011；李秀全等，2006）。油茶、无患子、麻疯树、文冠果等 9 个油料能源树种相对成片分布面积超过 100×10^4 hm^2，年果实产量 100×10^4 t 以上，全部加工利用可获得逾 40×10^4 t 生物燃油。以利用林木所含淀粉为主，将其转化为乙醇的能源林成为淀粉能源林。我国主要淀粉能源树种是栎类，如辽东栎、蒙古栎（*Quercus mongolica*）、板栗等，全国栎类树种现有面积约 1800×10^4 hm^2，栎类林可年产种子 1000×10^4 t 以上，可用于生产 250×10^4 t 燃料乙醇。

7.3 我国能源林的主要特点、存在问题、发展原则及发展策略

我国能源林的主要特点包括类型多、树种多、资源丰富（覃忠义等，2018；徐志等，2014）；能量密度高、产量高；可以无性繁殖、保持优良特性；一次栽植，多年收益（万劲等，2006）；可以综合利用，提高产品竞争力；固定大气中的碳，减轻温室效应；地域广、空间大；是最安全最稳定的可再生能源；不与粮争地，不与人争粮。

我国能源林存在的主要问题有经营历史短、产业化程度低（国外始于 20 世纪 50 年代至 80 年代已有 40 余种植物油用于内燃机，2005 年马来西亚油棕种植面积占世界一半以上，达到 400×10^4 hm^2；我国始于 80 年代，目前仍处于起步阶段）；采运困难，成本高（种植地地形复杂、手工采摘、设备落后）；资金缺乏，动力不足；周期漫长，愿景难现（新品种选育周期长，一般需要 10 年以上；见效周期长，灌木平茬处理的木质能源林一般 3 年以上见效，油料能源林和淀粉能源林一般 2 年以后结果，盛果期要 10 年左右，盛果期以后才能看到前景）；规模小，效益低（国际生物质能源在总能源中的占比约 10%，我国约 0.5%，林业所占比例微乎其微，麻疯树、黄连木、光皮树等 7 个树种相对成片分布的面积仅超过 100×10^4 hm^2）；技术不成熟，生产力低（边际土地立地条件差、缺乏良种、缺乏高产栽培管理技术等）（许宇星等，2012）。价格、技术和资源三大方面共同构成了我国能源林产业发展的瓶颈。价格方面，林业生物质能源高于化石能源，违背了市场发展的规律。技术方面，人工林培育技术不完善，生物质材料转化加工技术不成熟，造成生产成

本高。资源方面，能源林分布不均，且利用率低，未形成规模化、规范化、集约化的专用能源林基地。

结合我国能源林的特点和存在的主要问题，制定了我国发展能源林的基本原则和策略（张晓玲等，2011）。发展能源林的基本原则包括坚持合理利用现有林业资源与培育扩大原料来源相结合的原则；坚持林业生物质能源发展与生态、经济、社会效益相协调的原则；坚持社会参与与企业带动相结合的原则；坚持规模化发展与示范带动相结合的原则。生物质能源林发展策略有走长远发展之路；管好现有能源林，减少砍伐破坏；抓好效益好的树种，带动技术不完善的树种。

7.4 能源树种调查、区划及良种繁育

能源树种资源调查有利于了解树种的生态学特性，为适地适树提供理论依据；有助于摸清本底，为能源林发展规划提供理论依据；方便总结栽培经验，掌握各能源树种栽培技术；利用调整森林结构，保护生物多样性，实现能源林可持续经营。能源树种资源调查可按乡土能源树种资源调查和引进能源树种资源调查分别开展工作。乡土能源树种资源调查的工作重点是调查记录树种种类、适生范围、生长状况、立地条件、结实状况、种子/果实主要成分及含量、繁殖方式/方法、育苗造林技术、抚育管理措施等。引进能源树种资源调查的工作重点是调查记录原产地、引种时间、驯化方法、栽植立地条件、适应性与抗性、生长状况、结实状况、繁殖方法、育苗造林技术、抚育管理措施等。

树种区划就是根据各个树种的自身生理特性和生态要求与某地域自然环境的适宜程度，考虑到社会、经济对某树种的发展、需求，制约关系和程度，以确定某树种在某些地区发展规模，速度和效果的布局和生产力预测技术。它是树种适地适树的环境定位，生产力定量的实用技术。能源树种区划的原则为坚持以经济价值高、适生范围广、栽培技术成熟、推广前景广阔为优先的树种选择原则；坚持突出重点、集中连片、规模经营的原则；坚持充分利用当地树种资源、树种种质资源的原则；坚持充分利用荒山荒地，不与粮争地的原则。

能源树种良种繁育的方法主要有选择育种（混合选择、单株选择和无性系选择）、杂交育种、诱变育种（电离辐射诱变育种、激光辐射诱变育种、微波电磁辐射诱变育种、化学诱变育种、离子注入诱变育种和太空育种）。能源树种良种繁育基地包括采穗圃和种子园，林业上通用的采穗圃和种子园的营建与管理技术也适用于能源树种，需特别注意的是，建圃或建园种质材料的选取应满足对优良能源特性要求。能源树种的实生苗培育、扦插苗培育、嫁接苗培育、组培苗培育的育苗技术皆分别与林业上通用的该类型苗木培育技术类似，可借鉴使用。

7.5　能源林培育与可持续经营

能源林可持续经营是指通过采取科学、合理的培育方式，使能源林的现在和将来都具备生物多样性、林地生产力及活力，实现生态、经济和社会效益共赢（贾汉森，2017）。开展能源林培育应遵循的基本原则为遵循与本地区社会经济、林业发展规划相协调的原则；遵循合理利用土地原则，充分利用荒山（沙）荒地及边际性土地、退耕地（水土保持、污染修复），做到不与人争粮、不与粮争地；遵循规模化培育原则，能源林培育应相对集中连片，达到一定的规模，便于集约经营和实现机械化作业，实现促进形成培育、收获、加工利用产业链的要求；遵循生态先行原则，充分利用现有林业资源，节约使用水资源和节省耗能，重视保护生物多样性，重视发挥森林的生态效益，应避免在生物多样性丰富地区连片开展人工造林；遵循坚持科技创新原则，加快现有技术成果的应用，加强技术培训，通过科技力量优化整合，强化科技研发和技术瓶颈攻关，提高林业自主创新、科技成果转化的能力；遵循行政管理和市场调节相结合原则。

我国有 $3.066\ 7\times10^8\ hm^2$ 林地，能源林培育选址潜力巨大。能源林造林地选择应根据能源林树种的生物生态学特性要求，充分考虑气候条件，海拔、坡向、坡位等地形条件和立地条件。在气候条件适宜的情况下，选择土层适宜、光照充足、坡度比较平缓（30°以下）等立地条件好，面积相对集中连片，交通方便的宜林荒山荒（沙）地、采伐迹地、火烧迹地、疏林地、灌木林地、退耕地及边际性土地。

能源林培育宜采用块状或带状林地清理方式，时间上可与整地同时进行。穴与穴、带与带之间及山脚和山顶均应注意保留一定宽度的原生植被带。25°以上的应采用穴状整地，25°以下的可采用穴状整地或带状整地（覃忠义等，2018）。为实现能源林生长快、产量高、品种优及便于收获季节的采摘、收获及运输等，应配套加强道路、作业道、灌溉设施等基础设施建设，确保原料的可持续供应和产品的外运。

能源林培育通常采用植苗造林。应依据立地条件、目标等因素，因地制宜地选择合理的造林密度（覃忠义等，2018）。其中，利用果实的油料能源林、淀粉能源林提倡修枝整形、矮化栽植，实现丰产丰收；木质能源林造林密度应以实现生物量最大化为宜。栽植前对苗木根部适当修理，并采用浸水、蘸泥浆或浸蘸 ABT 生根粉等方式方法对根部进行预处理，干旱地区栽植时宜在种植穴内施用保水剂。为提高林地的生产力，能源林培育提倡实行间作。

能源林经营管理的常规措施主要有造林后，前 3 年应加强幼树管理，适时进行松土除草、扶苗、除蔓等（康树珍等，2007）；生长过程中，应根据土壤肥力状况、树种及植株生长需求等因素确定施肥量和施肥时间，适时适量施肥，提倡开展测土配方，使用专用肥；对油料能源林、淀粉能源林应适时进行定干，采取修枝、整形等树体管理措施；对灌木木质能源林应适时进行平茬复壮（蔡凡隆等，2011）；加强管护，避免人、畜随意进入影响林木生长和结实；病虫害防治应纳入能源林培育的全过程（康树珍等，2007），预防为主，早发现、早防治，重视保护森林生物多样性，重视保护和提高森林自身的抗病虫能力；加强森林防火工作，制定护林防火公约，树立护林防火标牌，建立健全各项防火制度，强化防火意识；应合理安排和确定能源林采收时间和采收方式，确保采收不影响林木生长，并最大限度地减少对土地、水及其他林木资源的干扰，实现可持续经营。

能源林基地是指具有一定规模，通过集约经营的方式为生物质能源的工业化利用提供稳定、可持续的原料，实现产量及经济效益的最大化的能源林（蔡凡隆等，2011）。能源林基地应在造林树种的适生区选择立地条件较好、交通便利的宜林荒山荒（沙）地或边际性土地。能源林基地宜集中连片，满足规模经营、机械化作业的要求。在一个县域范围内，油料能源林和淀粉能源林基地应达到 $666.67 \times 10^4 hm^2$ 以上；木质能源林基地应达到 $0.2 \times 10^4 hm^2$ 以上。能源林基地建设应采用高效高产的集约化经营模式（吴中能等，2018；蔡凡隆等，2011），有相对配套的基础设施，全部使用良种，形成从育苗、整地、栽培、水肥管理（时正伦，2019）、土壤管理、树形管理、到灾害管理的全部标准化生产过程，鼓励生产机械化（王能超，2019）。鼓励企事业单位、社团、个人参与能源林基地建设（吴琼，2009）；鼓励与林权所有者通过租赁、承包等多种形式开展合作，取得林权证或林地租赁承包合同等合法证明，形成规模化、标准化经营的能源林基地，实现互惠互利。

能源林培育中应加强生态保护。在野生动物活动频繁或其他重要生态区位开展能源林培育活动时，应根据具体情况划出高保护价值区域，重视保护野生动植物物种栖息地以及典型的森林生态系统类型；在开展能源林建设过程中，应重视保护规划区域内现有林木和林木景观，根据造林地的实际情况，提倡开展片状混交，避免形成连片、大面积纯林，保护生物多样性，减少病虫害的发生和传播，防止破坏自然生态系统情况的发生；在开展能源林培育各项活动中，应重视采取多种措施，保护水资源，维护林地的自然特性，避免地力衰退，在溪河岸边，应建立足够宽的缓冲区，以保持水土；能源林培育过程中，要重视加强检疫检测，建立健全监测预警体系，防止外来有害生物入侵；在开展病虫害防治过程中，应重视采取生物防治措施，保护环境，保护森林生物多样性；按照能源林培育主体，建立相应的监测制度和资源培育档案，按照监测制度，对能源林进行定期监测，内容应包括能源林培育状况及其对环境与社会的影响等内容。

能源林培育中应加强社区发展。能源林培育活动中，经营者应建立与当地社区的协商机制，积极与当地居民协商，明确双方的经济收益，保证通过培育活动及土地的合理开发利用，使当地居民获益，促进社区发展；能源林经营者应重视了解与尊重当地的习俗，保障能源林培育活动所涉及区域内居民的土地、林木和其他资源所享有的法定权利不受到侵犯；能源林经营者应鼓励居民参与能源林培育活动，尽可能为居民提供就业、培训及其他社会服务的机会,并保障劳动者合法权益(吴琼,2009)。

相关能源林可持续培育指南如下:《能源林可持续培育指南》(2011)、《小桐子可持续培育指南》(2011)、《山桐子原料林可持续培育指南》(2014)、《文冠果原料林可持续培育指南》(2014)、《无患子能源林可持续培育指南》《无患子原料林可持续培育指南》(2012)、《油棕原料林可持续培育指南》(2016)、《欧李原料林可持续培育指南》(2018)、《灌木能源林培育利用指南》(2012)、《刺槐能源林培育技术指南》(2016)、《元宝枫原料林可持续培育技术指南》(2018)。

7.6　能源林培育的案例教学

7.6.1　案例材料的选取

我国树种资源丰富,可作为能源林培育的树种种类也较多,如何选择能源林培育专题案例教学的树种呢?针对西南林业大学森林培育专业学生以云南生源为主的特点,尽可能立足身边大家熟悉的树种作为案例教学的树种,同时考虑加入虽非本地树种但实为我国能源林培育的典型树种。本书作者长年在我国西南地区从事森林培育的教学和科研工作,根据对麻疯树、油茶、无患子、黄连木、文冠果、赤桉、柠檬桉、尾叶桉(*Eucalyptus urophylla*)、尾巨桉、直干桉等树种的生长、木材和种实特性以及栽培管理技术的研究,认为这几个树种是非常合适的案例材料。

麻疯树,大戟科乔灌木,俗称膏桐、小桐子等。麻疯树广布于世界各地,非洲的马里、埃及、南非、赞比亚、喀麦隆、津巴布韦等国家,美洲的巴西、牙买加等国家以及美国佛罗里达的奥兰多地区,澳大利亚的昆士兰和北澳地区,亚洲的印度、印度尼西亚、尼泊尔、越南等国均有分布;在我国,分布于云南、贵州、四川、广东、广西、福建、海南、中国台湾等地,现有资源以云南、贵州、四川地区最多(杨顺林等,2006)。麻疯树适宜生长于热带和亚热带地区海拔700~1 600m的平地、丘陵、坡地、河谷和荒山上,喜光、喜暖热气候,可在年降水量4.8~23.8mm、年平均气温18.0~28.5℃的环境下生存,能耐 −5℃的短暂低温,抗旱、耐贫瘠、适应性强,在石砾质土、粗骨土、石灰岩裸露地均能生长(吴琼,2009)。麻疯树因其生长迅速、果实含油率高、油脂组成优良、果实产量大(图7-1)、栽培成本低等优良特性,被视为颇具发展潜力的一个优良的生物质燃料树种。截至2009年,麻疯树能源林基地建设规模为$29.86 \times 10^4 hm^2$,占我国生物柴油原料林基地建设总规模的35.6%(吴琼,2009)。加工生物柴油时,利用的就是麻疯树的种子(图7-1),其种子含油率一般为30%~40%,种仁含油率可达50%~60%。麻疯树种子需经过榨油和转酯化反应才能得到可以利用的生物柴油,其种子油是一种半干性油,色泽淡黄,其脂肪酸主要组成成分是油酸和亚油酸,这正是生产生物柴油的较好原料(李化、

2006)。麻疯树果实从正常开花受精后，一般需历时约3个月才能成熟。在形态上，经历果实增大、脱水干燥、颜色由绿转黄再变深褐的过程。果实干燥变硬变褐时，果实内的种子已充分发育成熟，油脂的含量和品质优良，用于生物柴油原料的种子适宜此时采收。麻疯树果实的采摘主要是手工或器械方式（吴琼，2009）。目前，有关麻疯树育种、育苗、栽培、采摘、生物柴油加工等生产技术的研究已取得一定成果，但其中一些先进技术仍处于小规模的研究示范阶段，距离大规模的商业化应用还需一定时间。

图 7-1 麻疯树种实

油茶，为常绿小乔木或大灌木，喜温暖湿润的气候，主要分布在亚热带地区，是山茶科山茶属中一类木本食用油料树种的总称。油茶是我国特有的木本油料植物，同时也是世界四大木本油料植物之一。油茶花期9~10月，果实（图7-2）成熟期在翌年9~10月。油茶种子中的油分含量达到20%以上，提取的茶油中的不饱和脂肪酸含量超过85%，且具有促进脂溶性维生素吸收的效果，是一种高档保健食用油（方海云，2020）。油茶果壳可提取木质素、多糖、鞣质类化合物，也可作造纸和制备生物炭的原料（李玉梅等，2021）。因此，油茶的综合加工利用价值高。目前，油茶的育苗（播种、扦插和嫁接）、造林（整地、播种、植苗）、抚育管理（幼林、成林）及病虫害防治等丰产栽培技术体系（方海云，2020）已建立，可为培育油茶生物质能源林提供技术指导，并为油茶原料林基地建设打下了良好的基础。

图 7-2 油茶种实

无患子，又名木患子（本草纲目）、油患子（四川）、苦患树（海南）、目浪树（中国台湾）、洗手果等，属无患子科无患子属的一种落叶乔木，分布于美洲、亚洲和大洋洲，我国淮河流域以南各省份是其主要分布区（高聪，2015）。无患子作为优良的生物能源树种，越来越受到环保人士的关注，其树木和果实（图7-3）可用于多领域的开发利用，如生物柴油、医药、化工、化妆品、农药等。无患子果皮中含有的皂苷及苷元，具很强的非离子表面活性，去污性能强，是天然洗涤剂，可用来洗涤丝绸等精致的面料、家居电器用品等；也可用来制造洗护用品和杀虫剂，能有效地杀灭棉蚜虫和红蜘蛛等；还可用来化痰、止咳、退烧，且具有多种生物活性，能有效抵抗肿瘤、微生物、疼痛、血小板聚集等。无患子种仁含油率达42.7%，与含油量约45%的茶籽种仁相差无几，是制备生物柴油和高级润滑油的优良材料（黄素梅等，2009）。目前，无患子育苗（播种、组培、嫁接等）和栽培（果用林丰产栽培）技术、优良种质选育（种源、家系、个体等）、果皮中皂苷提取工艺（水提——大孔吸附树脂分离工艺、乙醇提取工艺、微波辅助提取技术、薄层层析法等）和皂苷作用分析、籽油提取工艺（浸出法、索氏提取法、超临界CO_2萃取法等）和成分分析方面开展了大量的研究工作（黄素梅等，2009；陈炎贤 2014；邵文豪等，2012；陈登龙等，2014），为无患子原料林基地建设奠定了非常好的基础。

图7-3 无患子种实

黄连木，别名黄楝、措木，漆树科黄连木属落叶乔木。黄连木为雌雄异株植物，果实成熟过程中颜色变化顺序为黄绿色、粉红色、红色、蓝紫色、铜绿色（图7-4），种实中贮存有大量的油类物质（王晓茹，2011）。黄连木主要分布在我国境内，北自黄河流域，南至两广及西南各省均有，常散生于低山丘陵及平原，其中以河北、河南、山西、陕西等省最多（路璐，2013）。黄连木耐干旱、耐盐碱、耐贫瘠、适宜性强，是广泛分布于我国的重要木本油料树种之一，种子含油率为35.00%~42.46%，果壳含油率为3.28%，种子出油率为22%~30%，种仁含油率为56.5%（侯新村等，2010）。利用黄连木种实油脂生产的生物柴油的碳链长度与普通柴油主要成分的碳链长度极为接近，因此，黄连木种实油脂非常适合用来生产生物柴油（路璐，2013）。侯新村等（2010）对黄连木在我国的地理分布状况及生境特征进行了分析，为能源林种植区划奠定了基础。陈新（2007）和杨晓等

图 7-4 黄连木种实

（2009）对黄连木能源林的栽培和生长进行了相关研究。根据对各省份进行的初步调查，我国黄连木现有资源量逾 $6.67 \times 10^4 hm^2$（路璐，2013）。陕西、河北、河南和安徽等地结合绿化造林任务，已规划了 $66.67 \times 10^4 hm^2$ 黄连木能源林基地，该项目已纳入国家能源林规划。

文冠果，原产于我国北方黄土高原地区，天然分布于北纬 32°~46°，东经 100°~127°，海拔 52~2 300m 的区域。文冠果是无患子科文冠果属的落叶小乔木或大灌木，花期 4~5 月，果熟期 7~8 月，当果皮由绿褐色变为黄褐色，由光滑变为粗糙，种子由红褐色变为黑褐色，果实尖端开裂，便可采种（图 7-5）。文冠果在土层深厚肥沃的立地上生长快，2~3 年生可开花结实，5 年生的园内挂果率达 95%，15~20 年进入盛果期，30~60 年生单株可产种子 15~30kg。根系发达，萌蘖性强，病虫害较少。文冠果喜阳，耐半阴，对土壤适应性很强，耐瘠薄，耐盐碱，抗寒能力强，抗旱能力极强，但不耐涝（王秉放，2013）。文冠果是我国特有的一种优良木本油料树种，也是我国北方唯——种能大规模生产生物柴油的树种，其种子含油率为 30%~36%，种仁含油率为 55%~67%。油分中不饱和脂肪酸含量 94%。不饱和脂肪酸中油酸占 52.8%~53.3%，亚油酸占 37.8%~39.4%。由文冠果油加工的

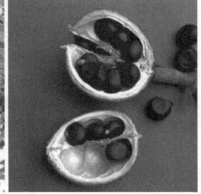

图 7-5 文冠果种实

生物柴油相关烃脂类成分含量较高，内含 18C 的烃类占 93.4%，而且无硫、无氮等污染因子，符合理想生物柴油指标（王秉放，2013）。从文冠果中提取的生物柴油和生物乙醇等植物能源是替代石油的重要选择，已成为推进能源革命的重大举措，也是农村产业结构调整发展的重要绿色产业。目前，文冠果的采种、育苗（播种和嫁接）、造林（植苗）、抚育管理（树体、土壤）及病虫害防治等丰产栽培技术体系（王秉放，2013）已建立，可为培育文冠果生物质能源林提供科学依据和技术指导。

桉属中的一些树种，如赤桉、柠檬桉、尾叶桉、尾巨桉、直干桉等，因其适应性强，生长快，木材产量高，热值高，无性繁殖能力强等特点，成为我国南方地区适宜的木质能源林树种（覃忠义等，2018；许宇星等，2013；吕福基等，1999）。其中，直干桉（图 7-6）不仅可以获取木材，其枝叶还可以提取桉叶油，是优良的木质兼油用能源林树种。目前，这些桉属的能源林树种，已从苗木培育（播种苗、扦插苗、组培苗、容器苗）、造林技术（整地方式方法、造林方法、造林密度）、抚育管理（施肥）、林木生物量调查和热值测算、超短轮伐期（首伐期和轮伐期）确定、萌芽更新等方面开展了大量的工作，初步建立了这些木质能源林树种的高效栽培技术体系，为桉树木质能源林基地建设奠定了基础。

图 7-6 直干桉木质兼油用能源林

7.6.2 案例的课堂设计

第一，明确本案例教学的学习目标：①熟知我国重要的、典型的能源树种，掌握能源林培育和能源林基地建设的主要技术环节和集约化经营模式。②学会综合运用"森林培育学"中的森林立地、良种选育、种子生产、苗木培育、人工造林、抚育管理、收获作业等的理论和技术开展能源林培育工作，掌握各主要阶段的关键技术，构建能源林培育的技术体系，建设集约化经营模式的能源林基地，为生物质能源的加工利用提供高质量的、充足的原材料。总的学习目标可以分解为以下 3 个具体目标：①熟知我国重要的、典型的能源树种的特性、价值及其能源林建设现状。②依据能源林种类的不同，掌握三大类能源林高效培育中其各自的关键切入点。③掌握能源林高效培育中适宜立地的选择（适地适树、充分利用边际土地）、特定性状的良种选育（选择育种、杂交育种、诱变育种）、壮苗培育（播种育苗、扦插育苗、嫁接育苗、组培育苗、容器育苗）、人工造林（整地方法、栽植方法、造林密度）、抚育管理（林地管理、林木管理）、收获作业（种实采收、首伐期、轮伐期）等主要培育流程的常用方法和关键技术，掌握我国重要的、典型的能源树种苗期、幼林期和成林期常见病虫害防治方法与技术。

第二，设计引发讨论的问题如下（按问题提出的顺序列出）：①大家知道或见过哪些能源树种呢？这些能源树种主要提供木质能源、油料能源或淀粉能源？抑或兼而有之？这几个问题交流讨论之后，学生会对生长在身边的能源树种有了一定的了解和认识。②通过刚才大家看到的我国重要的或典型的能源树种的种实和林分的图片，结合前面大家对生长在身边的能源树种的讨论，请大家总结一下，常见或典型能源树种的特性、价值及其能源林现状。这个问题交流讨论之后，学生会对我国能源林的作用和现状有了一个较全面的认识。③按照能源林类型的划分，分木质能源林、油料能源林和淀粉能源林3种类型讨论，如何实现能源林的高效培育和可持续经营？高效培育需要构建丰产栽培技术体系，那么这个技术体系包括哪些主要环节呢？各主要环节的关键技术又是什么呢？可持续经营需要建立稳定的能源林人工生态系统，那么这个稳定生态系统的建立需要考量哪些因素和践行哪些措施呢？这一系列问题交流讨论之后，学生会对能源林培育过程和技术体系有清晰的、完整的认知，明白要实现某个目标应该怎么做以及还可以怎么做。期间若学生交流分析不全面，则教师进行补充讲解。

第三，设计开场，该案例教学采用直接向学生抛出问题的开场方式。

第四，板书规划，依据引发讨论的主要问题数目，将黑板分成3个区域，每个区域书写相应的讨论题目，题目下方记录学生回答的要点或关键词。

7.6.3 案例教学的组织实施

本部分案例教学的组织实施参见2.5.3。

7.6.4 教学效果分析评价

本部分教学效果分析评价的思路、原则和调查表参见2.5.4。

7.7 小结

本章以能源林培育专题为教学内容，通过能源林培育理论与技术（新能源和生物质能源简介、我国能源林发展历史、我国能源林发展概况、我国能源林主要特点、我国能源林存在的主要问题、我国能源林发展原则及发展策略、能源树种调查与区划、能源树种良种繁育、能源林培育、能源林可持续经营）的课堂讲授，结合能源林培育案例教学（适宜案例材料的选取、详细的案例课堂设计、有序的案例教学组织实施和科学的案例教学效果分析评价）的课堂交流讨论，使学生在深入理解理论知识的基础上，熟练掌握能源林高效培育和可持续经营的主要环节的关键技术和关键因素调控，将理性认知和感性认知相结合，构建系统的能源林培育知识体系，解决林木生物质能源产业化生产中原材料供给问题，提高我国生物质能源的利用率，提高学生分析和解决问题的能力，提升学生的专业能力和职业能力。

第 8 章

无性系林业专题

8.1 无性系林业及其优越性

无性繁殖是利用树木营养器官或组织培育苗木（如扦插、嫁接、组织培养）。无性系是某一原始母株通过无性繁殖所产生的无数分株的总称（陈志阳等，2001）。无性系林业是以人工选育的优良无性系为种植材料，通过区域化栽培、混系造林、集约经营和定向培育达到优质高产的现代林业技术体系。通过人工选育、目标性状得到改良的无性系称为优良无性系（马常耕，1986；1989；王明庥，1993）。区域化栽培是指根据良种与立地的交互作用，分区栽培不同的无性系。混系造林是指不同无性系混合栽植，并非单一无性系造林。根据培育目标实施培育即为定向培育（如矿柱材、纸浆材、胶合板材）。

常规无性繁殖基本上是植株原基因型的拷贝，可长期保持育种计划所要获得的优良遗传性状；遗传增益高，同时利用加性效应（影响数量性状的多个微效基因的基因型值的累加）、显性效应（等位基因之间的互作效应，作用大于基因型值的累加）和上位效应（非等位基因之间的互作效应，作用大于基因型值的累加）（王华玉等，2012；康向阳，2018）；常规无性繁殖恰似受伤组织愈合，不会产生变异，因此无性繁殖后代通常没有分离现象，遗传基础高度一致。但是无性繁殖容易传播病毒（如泡桐丛枝病、枣疯病、马铃薯病毒病）；单一无性系造林可能会因为基因型单纯而遭到毁灭性病虫害（如银川平原的杨树）；无性系是遗传改良的终点，不会再有遗传改良进展（马常耕，1986；1989；王明庥，1993）。

无性繁殖的应用主要包括优良单株的大量繁殖（无性系化）、建立无性系种子园、多年生果树及观赏树木的繁殖、基因保存和获得遗传信息（朱之悌，1986；王明庥，1993；翟大才，2003；彭方仁，1990）。扦插由于其操作简单、成本低，成为林木无性繁殖的常用方法之一，扦插可以快速实现优良单株的大量繁殖（无性系化）（翟大才，2003）。影响扦插成活的主要因素有无性繁殖材料的遗传学特性、年龄效应与位置效应，以及水分、温度、通透性和光照等环境条件（朱之悌，1986；王明庥，1993；翟大才，2003）。嫁接作为无性繁殖的常用方法之一，在建立无性系种子园、多年生果树及观赏树木的繁殖以及促进早花早实方面有更多的优势，决定嫁接效果主要因素是接穗与砧木的亲和力（翟大才，2003）。组织培养因其效率高而备受重视，植物组培的主要程序包括初代培养、继代培养和生根培养，木本植物的外植体种类包括茎尖、茎段、胚、胚轴、子叶、未授粉的子房或胚珠、授粉子房或胚珠、花瓣、花药、叶片、游离细胞和原生质体等（陈世昌，2015；刘文静等，2020；肖巍，2018）。应用组织培养集约繁殖苗木是近年来的快速繁殖手段，然而一个成功的组培繁殖，在解决连续培养的建立、小植株器官的发生、无菌苗的移栽及移栽后的正常生长等一系列程序绝非易事，其中许多问题还需要进一步探讨。

无性系选育与栽培的特点主要有无性系育种是对优良基因型的直接利用（种子园体系以提高生产群体的优良等位基因频率为目标，是对优良基因的加工利用），甚至能够利用母树效应，因此，选种可靠性大、方法简便、增益高、成本低（王华玉等，2012）；无性系育种周期短，避免种子园的各种生物学限制，可因地制宜的建立采穗圃；无性系育种品种更替快，能较好地保证一个地区生产群体的遗传多样性和生态稳定性；无性系育种不仅遗传增益高，而且可利用母树效应，因此速生或速生丰产；同一无性系分株之间的遗传基础完全一致，加之集约经营可以降低斑块之间的异质性，从而使无性系林整齐划一，产品整齐一致；通过无性系选育可以实现定向遗传改良，并可通过模式化栽培进行定向培育，从而避免育种和栽培中的盲目性；与传统实生林业相比，无性系林业不再以大量不能确切认识其本性的基因型混合体为营林材料，又不像杨树那样单系利用，而是以对其本性有较好认识的无性系分株林为对象，易于实施遗传控制。

在林木无性系改良和无性系林业研究中，最著名的是被誉为"林木遗传研究中一场革命"的桉树无性系育种，其无性系林的生产力与未加改良的林分相比翻了一番，巴西桉树无性系7年生材积生长量比实生苗提高12%，使巴西从纸浆进口国一跃成为纸浆出口国，德国12年生无性系树高生长比实生苗提高15%~18%，最高达74%~77%（金明洙等，2004）。杨树、云杉、松树等的研究也达到了生产利用程度，如意大利应用杨树优良无性系培育胶合板材，其种植面积仅占森林总面积的2.5%，却向市场提供50%的木材（方升佐，2008；张樟德，2008）。国内无性系育种也在杉木、刺槐、白榆、木麻黄等树种中取得成功。

8.2 无性系林业产生的背景及发展趋势

无性系林业产生的背景有两个方面，一是种子园体系存在的问题，二是世界集约人工林的战略转变。种子园体系存在的问题主要有种子园建园时间长，投资多但收益晚（等待结实和子代测定）（陈志阳等，2001）；以生长性状为选择目标的优树，建园后种子产量很低（能量分配的二选一原则）；由于结实大小年及气候的影响，致使结实量不稳定（花芽分化）；接穗和砧木生理不适，导致成年树死亡（排异及生长不平衡）；后代分化强烈，不利于经营和利用（遗传变异）；某些树种扦插无性系苗的遗传增益反比种子园高（如挪威云杉可高出10%~20%）。世界集约人工林的战略转变包括多效经营向分类经营转移（新西兰和中国）；经营目标由不定向培育向定向培育发展；伐期由不固定向短轮伐期或超短轮伐期发展；现代加工业要求木材品种、规格、质量一致性。人们为了开辟一条良种生产的新途径，同时利用无性繁殖的遗传效应，且顺应集约人工林的战略转变，兴起了无性系育种和无性系林业。

若从杨树、柳树、杉木的无性繁殖及其利用来看，广义无性系林业已经拥有上千年历史（康向阳，2018）。狭义无性系林业的发展历史可分为无性系利用探索阶段、无性系林业起步阶段和无性系林业迅速发展阶段（马常耕，1989；韩刚等，2003；陈星高等，2004）。无性系利用探索阶段始于1939年，Schreiner发表《在林业中应用无性系的可能性》和Jacobs发表《树木的无性繁殖：辐射松扦插试验》。无性系林业起步始于第二次世界大战以后，德国、瑞典、芬兰、加拿大、苏联和英国普遍兴起无性系林业。无性系林业迅速发展阶段始于近30年，曾开展了10多次探讨林木育种策略和发展无性系林业的会议。

世界上有20多个国家在进行林木无性系改良和无性系林业研究（陆斌等，2011），一些林学家综观世界林木无性系改良的发展势头，预言今后5~10年是由实生林业向无性系林业转变的年代，21世纪的林业将以无性系林业为特征出现在世界上。能够无性繁殖的树种，走无性系改良的途径，决不再搞种子园，这已经成为当前的发展趋势。我国松类树种今后的良种化必须沿有性选育和无性利用相结合的方针，改变20年来单一走种子园道路的策略，在发展种子园事业的同时，集中更多力量于无性系利用技术开发上，这是多快好省推进我国松类树种良种化的必由之路（朱之悌，1986；马常耕，1991；1994；杨峰等，2009）。

随着无性系桉树的引进与造林，西南桦无性系的选育、引进及造林，高产脂思茅松无性系繁育造林等无性系林业建设，无性系林业在云南省已经拉开了序幕。云南无性系林业的发展应积极引进桉树、黑木相思、马大杂种相思、沉香、柚木等成功的林木良种无性系，同时还应利用丰富的林木资源优势开展西南桦、红锥、香樟、光皮桦、桤木、川滇桤木和思茅松等乡土树种无性系林木良种培育与扩繁，推广乡土树种无性系林业，在云南乃至我国西南、华南地区建设现代林业和林业产业的持续发展过程中应用前景广阔（陆斌等，2011）。

8.3 优良无性系选育及其栽培技术体系

优良无性系选育技术体系主要包括以下环节：确立育种群体（坚持系统选择原则，确定选择育种的群体或杂交育种的群体），选择优良单株（通过表型选择，获得优良单株或超级苗），优良单株无性系化（通过无性扩繁形成无性系），建立初级采穗圃（可提供未经遗传测验的无性繁殖材料），开展无性系测验（对入选个体的基因型优劣及其优良特性的重演能力做出评价，为留优去劣提供依据，是基因型选择）与区域化试验（在不同自然地理区域、不同立地类型进行无性系测验，评价无性系的遗传稳定性和生态适应性，为区域化栽培提供依据），建立改良采穗圃（可提供经过遗传测验的无性繁殖材料），进行良种推广应用（推广之前经过相关组织审定或认定），继续开展无性系测验，建立高级采穗圃。

优良无性系栽培技术体系主要由种植区划、多无性系混合造林、短周期栽培和定向培育四部分构成。种植区划是根据区域化试验及无性系测验结果，提出不同无性系（组）的适宜栽培范围、立地类型及其经营措施；或者根据不同自然地理区域（或行政区）环境条件，提出适宜的无性系（组），并对其立地特点、经营措施进行阐述。由于单一无性系大面积造林的潜在危险（如基因多样性减少，可能造成病虫害蔓延甚至毁灭性灾害；长期经营遗传需求一致的无性系林，会使土壤肥力衰退）大，因此要求多无性系混合造林。多无性系混合造林时，推行无性系组造林，提倡用一组无性系造林，而不是几个最优的无性系造林（王华玉等，2012）；在同一立地上有7~15个无性系就有了安全保障；无性系配置可以采用单株随机混合种植，也可以采用单一无性系小区块状（10~20hm^2）混交。

短轮伐期集约栽培（短周期栽培）是林木定向培育的一种重要方式，其特点是选用较好的立地条件，利用优良无性系，适当密植，实行农林间作，采用配套的农业技术，在较短的伐期内获得最高的生物量。与长轮伐期比较，短轮伐期可显著提高单位面积、单位时间的生物量（2年的短轮伐期杨树人工林产干物质13t/hm^2，而同龄的天然林仅产3t）。短轮伐期应用高密度造林，大幅度提高了太阳能的利用率（天然杨树林的利用率仅0.1%~1.0%，而短轮伐期杨树人工林1.7%~3.7%）。短轮伐期采用了多代萌芽更新作业，既降低了经营成本，又提高了产量（萌芽更新的短轮伐期杨树人工林，第二次的采伐量比第一次提高40%）。短轮伐期集约栽培的伐期类型有超短轮伐期、中短轮伐期和短轮伐期。超短轮伐期是1~3年收获，高密度栽植（株行距0.3~1.2m），萌芽更新，生产薪材、纸浆材和纤维板材。中短轮伐期是4~10年收获，株行距0.3~1.5m（因树种而异），生产高级纤维材。短轮伐期是10~15年收获，株行距3~6m，主要生产胶合板材。

定向培育是根据社会、经济和生态的要求，确定相应的培育目标，通过对造林地区自然、经济、技术条件和树种特性的分析，制定一系列的配套技术，达到高效、优质、快速培育森林资源的科学育林制度，如纸浆林、纤维林、胶合板林等。杨树的定向培育模式化栽培技术体系，如适地适无性系，适地适材种，良种壮苗培育技术，造林技术（整地、造林方法和密度、施肥），营林技术（密度与结构调控、林木管理、土壤管理），森林保护（病虫害防治及林火控制），投资与收益预估。

8.4 发展无性系林业的生物学障碍及其克服途径

育种进程缓慢、繁殖材料的年龄效应和位置效应是发展无性系林业的生物学障碍（王华玉等，2012）。育种进程缓慢主要体现在等待种子园开花结实是一个漫长的过程，遗传测定和建立下一代育种群体也是一个漫长的过程。繁殖材料的年龄效应和位置效应主要体现在无性繁殖能力随着繁殖材料年龄的增大而下降，其中包括采条母树的年龄和所采穗条的年龄；母树不同部位采集的穗条其再生能力不同，甚至有些树种的穗条无性繁殖后保持自己原有的生长态势（兰彦平等，2002）。生物学障碍的克服途径主要有促成培育（人工促进早花早实）、早期选择与早期短期测验、回避年龄（位置）效应或复幼（王华玉等，2012；杨峰等，2009）。

环境调节是一柄双刃剑，有利时促进生长发育，胁迫时也能迫使成熟，因此可以通过改善环境条件和树体状况（控制授粉以提高亲和力，促进多花和早花；改善环境条件以促进生长发育，盆栽和育种大棚相结合；定量灌水，配方施肥，激素配合施用改善树体状况）进行促成培育，达到促花促实的目的，也可以通过环境或树体胁迫（干旱胁迫、断根、环剥、环束等）实现促花促实。

早期选择是根据育种材料的幼年性状，对其成年性状做出预测并进行选择。早期选择的方法分为超级苗选择和幼龄优树选择，其关键是确定合理的选择年龄以提高选择的可靠性。早期选择分生长性状早期选择、木材性状早期选择、抗逆性状早期选择。生长性状早期选择是利用生长性状幼年—成年相关机制确定早期选择年龄，包括苗期选择、回溯试验和树干解析。生长性状早期选择指标可以是生长形态指标（苗高、地径等），也可以是生长力指标（光合能力指标、光合产物分配模式、水分利用效率、内源赤霉素含量、外源赤霉素效应等）。木材性状早期选择是有关木材性状的遗传变异和幼年—成年相关的研究，主要集中在木材密度和管胞长度两个方面。抗逆性状早期选择通常是对苗木进行病原接种实验、冷冻和干旱处理，结合某些生理指标的测定，做出比较可靠的预测。

由于有些性状可以在幼年阶段做出选择，有些性状存在幼年—成年相关机制，有些性状可以促进其尽早表现出来并在幼年做出选择，因此可以在幼年及短期内（1~2年）对某些性状做出评价并进行选择，无须等到半个轮伐期，此称为早期短期测验。早期短期测验是缩短育种周期的有效途径。早期短期测验选择的性状主要有重要的幼龄性状，如存活力、无性繁殖生根能力等；在幼龄期间可以评估的成龄性状，如抗病虫害、耐旱能力等；与所需成龄性状密切相关的幼龄性状，如与未来大田生长和材积相关的苗期生长及形态学特征。早期短期测验可以通过加速生长的早期短期测验（采用优越立地或集约经营、小株行距等措施，使性状提前表现）和分阶段逐步测验（对选种材料进行一系列连续测验，每次都只淘汰所测性状的不合格者，而将合格者升入下一轮测验中，这样就使测验群体逐步缩小，既能降低测验投入，又能提高测验精度）实现。

回避年龄（位置）效应，可以采用幼年性与一致性都很好的实生苗作为优树的取样材料；如果控制成熟或使材料幼化的有效方法尚未确立，则采用经过测定优良的幼嫩材料（如控制授粉的实生苗）进行扦插繁殖也是可行的。大多数学者认为，组织的幼态性取决于组织离根系的距离，基于这一观点，可以利用无性繁殖进行复幼。生产上诱导老树复幼的方法通常有干基或根系萌生条扦插复幼法；重复修剪复幼法；连续扦插复幼法；幼龄砧木、幼穗连续嫁接复幼法；组织培养复幼法；根段产生不定根和不定芽；对母树进行激素处理诱导不定芽（林小凡，1999）。

我国林木无性系育种研究几乎与国外同时起步，目前形势为局部先进总体落后。由于思想上对无性系育种的优越性，对工业人工林实行无性系林业的必然性认识不足，仍然将传统的实生林业看成是唯一的造林体系，重学术研究，忽视生产利用；技术上对无性系的遗传稳定性、基因与环境的互作关系、无性系林业的群体结构、无性系测验的方法与技术、基因资源收集和利用等的掌握缺乏深入性和系统性，导致我国无性系林业目前存在一些问题，如许多针叶树种的改良依然沿着种子园的单一道路进行，单一无性系推广造林的现象仍然很普遍，绝大多数优良品种没有配套的集约栽培技术和利用技术等（康向阳，2017）。今后，在加强产学研有效结合的基础上，立足我国国情，遵循有性选育，无性利用的育种方针，选用优良无性系，确定适宜的无性系数目和配置方式，采用集约栽培技术，在适宜的区域，科学发展无性系林业，是解决我国商品材供需矛盾的有效途径。

8.5 无性系林业的案例教学

8.5.1 案例材料的选取

我国树种资源丰富，可作为工业用材林培育的树种种类较多，如何选择无性系林业专题案例教学的树种呢？在尽可能立足身边选大家熟悉的树种作为案例教学树种的同时，考虑加入虽非本地树种但实为世界或我国无性系林业的典型树种。本书作者长年在我国西南地区从事森林培育的教学和科研工作，根据其对桉树、杉木、杨树等常见树种的无性繁殖技术、无性系林分生长特性以及无性系林高效栽培管理技术的熟知，以及对火炬松、辐射松、欧洲云杉等世界无性系林业研究和发展的典型树种的了解，认为这几个树种，在帮助学生掌握针叶树种和阔叶树种无性系林业发展中的优良无性系选育及其栽培技术体系方面，是非常合适的案例材料。

以火炬松为例，掌握无性系林业中优良无性系选育的促成育种体系如何构建。火炬松的促成育种体系7年一轮：第一年，在大棚内对1年生接株实施促进生长培育；第二年，夏季做水分胁迫和GA4/7处理；第三年，第一次人工杂交、继续水分胁迫；第四年，春季第二次杂交，秋季采收上年杂交组合种子；第五年，秋季采收第二次杂交的种子，当年冬季将两批种子播种并进行促成育苗；第六年，春季进行农田式早期短期遗传测验；第七年，冬季做第一次测量和评价；第八年，从入选组合中选株采穗嫁接，开始第二轮促成育种，这样一来，14年可完成两轮选择。

为提高辐射松生产力和材质，新西兰从1968年开始探索无性系选种途径和效果，研究无性系与立地及各种栽培因素。辐射松无性系子代测定为 7 年，子代测定结果表明，5 年生子代生根力比原来母树生根力下降，对树高生长影响小，对直径生长影响显著。辐射松促进幼龄化的主要措施有两个方面，一是用绿篱式修剪来阻滞采穗母树的衰老，每次采穗都尽量压到地径部位，防止下次萌条部位升高；二是从幼龄的苗木中选出无性系，以实现采穗母树幼龄化，提高生根力。无性系材料幼龄化，其子代生长快、树干通直、不分枝且枝条少。在组培技术与冷冻贮藏相结合方面，将优良的无性系、人工杂交培育的幼苗、种子培育的试管苗及人工种子等一部分冷冻贮藏，一部分营造子代测定林，经过子代测定后，选出优良的材料，然后投入育种计划。要实现无性系林业实用化，必须采取集约经营，造林密度为 150~200 株 /hm²。新西兰辐射松的造林方式主要采取单一的单系林，到目前为止，还没有发现危险性。Clarkeandslee（1984）从辐射松苗木中选出无性系，采条制穗，穗长 3~5cm，将插条置于生长素中处理，对嫩枝进行扦插，扦插后 20d 开始生根，生根率达到 100%。建立无性系采穗圃，每株母树 1 年培育 6~7 株插穗，连续扦插培育到 100 株，反复培育，1 000 株母树 4 年能生产 1 060×10⁴ 株无性系苗，并且无性系采穗圃实行集约经营（施肥、灌水、修剪、母树修剪成丛生状），生产新条供给无性系造林。无性系林业有很多优越性，但苗期选择中对高生长量、材质、细枝性、节间长等性状无法确定，其次是每个个体对环境的适应性有差异，如辐射松对硼酸、磷酸抗性差。因此，优良无性系的选择应考虑其对土壤、气候、地域、局部环境等的适应性（金明洙等，2004）。

欧洲云杉 20~25 年开始结实，因此德国采取种源选择与无性系选择相结合的育种方式，效果快、成本低。德国在欧洲云杉育种上采用了综合性连续早期选择的边选择、边测验、边应用、不断提高的渐进式的途径，将选择和使用联系起来，充分发挥了无性系育种的逐渐提高的优点（金明洙等，2004）。选择程序如下：在苗圃中筛选 1~2 年生超级苗，选择比例为 1:5 000；入选株无性系化后，开展苗圃阶段的无性系测定，期限为 3 年；3 年后选其中的优良株，进行大田测定，大田测定林要在 3 个立地上，单株小区，重复 7 次。开展大田测定的同时，把入选的无性系大量繁殖，用于造林。入选无性系不仅用于造林，而且在它们达到 20 年开花结实时，还能做杂交亲本。德国无性系造林是采用混交系无性系造林，每一个混合体中包括 1 000~1 500 个无性系。造林后的 3~12 年，每年进行生长量调查，并在早晚期进行相关的研究。调查结果表明，12 年生无性系树高生长量比对照高 15%~18%，最高达到 74%~77%，早晚期相关很紧密（γ=0.90）。入选繁殖代数的增加对生长和生根力的影响表明，随着繁殖代数的增加，生根力有所提高，但各代间的生长差异不大。德国已完成 36 轮的无性系选择工作，共选出 55 000 个无性系，其中 1/3 仍在繁殖利用，1 株苗每年可生产 25 个插穗。

巴西桉树育种，是先由澳大利亚、印度尼西亚、南非等地采集 51 种 1 254 个产地的家系进行引种试验，并从优良家系中选出优良个体，把入选树相互杂交再进行测验，然后从优良家系中做渐进式选择，生产第 2 代杂种，由改良的"优良杂种"中选优并无性系化再用于造林。优良无性系的选择标准如下：①立木材积 1m³ 以上；②对杆枯病抗性强；③对蚂蚁抗性强；④树干通直；⑤自然整枝好，节枝少；⑥冠型正常，叶子茂密；⑦树皮率 10% 以下，树皮薄而光滑；⑧萌芽性好，能多出萌条；⑨扦插生根率 70% 以上；⑩密度 500~600kg/m³；⑪纸浆收量高，绝对干重 50% 以上；⑫代谢能力强，

图 8-1　尾巨桉无性系林

少肥料，少水分，生长优良；⑬木材的形态与解剖学分析（纤维长度、蒸解特性、纸浆收率）结果优良；⑭经过无性系检定，确认林分特性优良（图 8-1）。上述标准中①~⑥是营造子代林 7 年后评价，⑦~⑭是到主伐后测定材质、检验、子代测定等的综合评价。优良无性系的选择程序如下：从林分中选出优树并砍倒，取它的萌条进行扦插，生根率 70%，对入选者做进一步无性系测验，最后入选者纳入无性系计划。桉树无性系化的程序如下：①入选树地径 12cm 时平茬，促其根桩萌芽、发枝；②把半木质化的萌条在离根 2cm 处割下，将萌条下端插入水中，备用；③把萌条剪成（包含 1~2 对叶）插穗，再把叶子剪去一半；④将插穗基部插入杀菌剂中做消毒处理；⑤把插穗基部 2cm 一段浸蘸 6 000mg/L 的 IBA 溶液后，将插穗插入装填好基质的容器中；⑥将容器放到间歇喷雾条件下，以保持叶面湿度，直到插穗生出吸收根为止；⑦插穗生根要经过 2 个阶段，第 1 阶段为 5 周，在此期间容器要放到阴棚下，在第 4 周时就要浇灌液肥（1 000L 水中加 3kg 氮肥、磷肥、钾肥，比例为 5∶17∶37）；从第 6 周开始为第 2 阶段，先把容器由阴棚下取出放到全光下，继续浇液肥，到第 9 周时进行扦插苗分级（先把未成活的插穗剔除，成活的苗分成Ⅰ级苗和Ⅱ级苗，每一个插穗上只保留一个新梢），在第 10 周把Ⅰ级苗从容器中取出，剪去过长的根系后移植到大田，Ⅱ级苗则留在原地，浇液肥，到第 12 周时再移植到大田；⑧每株采穗母树，一个生长季节可采穗 2 次；⑨采穗圃与造林面积之比为 1∶100。在巴西采用无性系造林，每一个立地类型配 15 个无性系，均采用单系造林，单系林的面积为 10~20hm²。巴西采用桉树速生优质无性系造林，原轮伐期 6~8 年缩至 5 年，每公顷年生长量由过去的 34m³ 提高到 64m³（金明洙等，2004）。

杨树作为重要的多功能用材和生态公益树种，在我国的人工林面积达 $850 \times 10^4 hm^2$（图 8-2）。现有资料表明，杨树人工林的生产力差异很大，这与其优良品种（无性系）选择、立地控制、林分结构和经营管理措施等密切相关（方升佐，2008；张艳华等，2020）。就无性系、株行距及两者交互作用对 13 年生杨树人工林的林木生长和树冠结构的影响研究表明，无性系对林木胸径、树高和树冠结构的影响大于株行距（张艳华等，2020）。杨

图 8-2 杨树无性系林

树优良无性系选育试验、无性系区域化造林试验研究结果皆表明，参试杨树无性系间在胸径、树高、单株材积等生长指标方面都存在极显著的差异（$p=0.0001 < 0.01$）（刘俊龙等，2019；苗婷婷等，2019）。

杨树超短轮伐适宜采用扦插造林，密度为 $1\times10^4 \sim 3.5\times10^4$ 株 $/hm^2$，轮伐期为 1~3 年，第 1 次收获生物量是在造林后的 2~3 年，年收获生物量 12.0~20.0t/hm^2，所获生物量主要用于生产纸浆、纤维板等；杨树中短轮伐经营的造林密度一般为 $0.3\times10^4 \sim 1\times10^4$ 株 $/hm^2$，轮伐期为 4~8 年，第 1 次收获生物量在造林后 5 年，采用萌芽更新，萌生林的生长间隔期一般为 5 年左右，如果轮伐期为 5 年，年收获生物量 10.0~15.0t/hm^2；杨树短轮伐经营以生产传统木材为主，密度因培育目标和是否间伐而异，一般为 1 000 株 /hm^2，第 1 次收获生物量在造林后 10 年，可采用萌芽更新或重新造林，年收获生物量 5.5~10.0t/hm^2，所获生物量主要用于建筑材、板材、纸浆用材和能源林等（杨延青等，2018）。

杨树无性系林丰产栽培技术体系如下：①优良无性系选择；②优良立地条件选择；③采用全面整地（30~50cm）或穴状整地（直径 0.6~1m、深 0.6~1m）；④一般苗木随起苗随分级、随栽植，也可将苗木根系浸泡在活水中 2~3d 后再栽植，栽植时先填表土，后填心土，分层覆土，层层踩实，培土成水盆，苗木定植后，一次浇足定根水；⑤适宜的栽植密度，株距为 3~6m，行距为 4~8m（210~840 株 /hm^2），短周期纸浆林（采伐期 3~5 年）的栽植密度可为 2m×3m、3m×3m、3m×4m、2m×6m 等，胶合板材（采伐期 6 年以上）的栽植密度为 5m×6m、6m×6m、4m×8m；⑥每年灌水不少于 3 次，3 月中旬树木发芽前灌一次，5 月上旬速生期开始前灌一次，11 月上旬上冻前灌一次；⑦基肥（有机肥或土杂肥）集中施入种植穴内根系主要分布的深度范围，造林当年不追肥，2~5 年生每年追肥 2 次（第 1 次 4 月上旬至 5 月上旬，施入氮肥、磷肥或长效复合肥，第 2 次在 7 月上、中旬），2~3 年生以穴施为主，4 年生以上可撒施或开沟施入；⑧松土、除草与林地间套作物除草相结合，一般在灌溉后或降水后进行，每年松土 1~2 次，除草 2~3 次；⑨在栽植后的第 1 年秋或第 2 年春，剪去或短截影响主枝生长的竞争枝，保留辅养枝，并修除树干基部的萌生枝；⑩修枝一般在秋冬树木落叶后进行，要紧贴树干修剪，切口要平滑，不能留茬或撕伤树皮，树冠长度与树高大致保持 1/3~2/3（张全峰等，2012）。

杉木是我国特有的用材树种，分布于我国秦岭和长江流域以南各省份。杉木生长快，材性好，用途多，是我国最重要的用材和商品材树种之一（图 8-3）。杉木无性繁殖造林历史已有千年，我国杉木无性系林业也开展了很多研究并取得了巨大成就。全国各地选择杉木优株数以千计，各育种单位都建立了面积大小不等的采穗圃。洪菊生和李明鹤等还制定出了杉木无性系的选育程序。杉木无性系选育突破了无性繁殖技术，建立了无性系测定林若干；各生产单位在杉木无性系初步选择的基础上，逐步展开了区域试验，同时建立了杉木无性系示范林，为杉木无性系的推广应用奠定了基础。杉木采穗圃的建立及经营和管理技术业已过关，无性系的促萌、扦插生根技术业已成熟，无性系的组

图8-3 杉木无性系林

培苗已进入规模化生产，杉木无性系造林问题基本解决（齐明，2007）。对20年生的杉木无性系试验林进行测定表明，参试无性系的树高、胸径、材积生长存在着显著和极显著遗传差异；随着林龄的增长，各性状的差异均呈逐渐增大的趋势；与参试无性系6年生时进行的早期选择相比，8年生时早期选择的错选率降低25%；相比对照无性系，决选出的24个无性系材积增益在15%以上（陈代喜等，2017）。不同培育密度和施肥种类对8年生杉木无性系林分生长影响结果表明，不同密度对树高性状有显著影响，对胸径和单株材积性状有极显著影响；施用不同种类肥料对树高性状影响不显著，对胸径和单株材积性状有显著影响；密度×施肥种类对胸径和单株材积有极显著影响，对树高无显著影响；林分密度为2 100株/hm^2，施用0.3kg/株的测土配方专用缓释肥的胸径、单株材积和单位面积蓄积量都最高（方扬辉，2017）。开化县林场经26年的研究，从314个杉木无性系中，选育出增产80%以上的无性系10个；采伐早期营造的314个杉木无性系混合林113.3hm^2，平均产出规格材180m^3/hm^2，比同期营造的杉木实生林增产50%（周天相，2008）。杉木优良无性系的最早选择年龄是10年，块状造林优良无性系的营林增产效果明显（赵林峰等，2017）。

杉木无性系采穗圃建立技术如下：①尽量选择地势平坦、土壤肥沃、疏松的砂壤土和排灌良好的地点建立采穗圃。②适宜在夏、秋两季整地，来年春季做床，一般床宽100~120cm，床高25m，步道宽30cm，可施猪栏肥6t/hm^2、腐熟饼肥0.1t/hm^2，定植穴还可施磷肥和镁肥0.2kg/穴。③采穗圃建立初期，母株的栽植宜采用（0.4~0.5）m×（0.8~1.0）m的株行距，随着母株树体的逐渐增大，需调整母株的栽植密度至（0.8~1.0）m×（0.8~1.0）m的株行距为宜。④每次采穗后，需及时施肥（复合肥300kg/hm^2、腐熟饼肥900kg/hm^2），矮干型采穗圃的树高宜控制在0.4~0.5m，高干型采穗圃则宜控制在1.5m左右，矮干型采穗圃需每年更新老枝（每年8月上旬从根颈处剪断老枝，保留1~2条生长健壮的新萌芽条，使根颈处形成多枝丛生状，不仅有利于提高萌芽条的产量，还可使采穗圃能始终保持幼年状态）。⑤母株栽植时，可采用浅栽高培土的方式（栽植时使苗木根颈处与地表持平，然

后再培土 10cm）提高萌条的产量，也可在母株栽植后的 2 年内，对母株采取压弯（母株的茎杆与地面呈 30° 角）、截顶处理，并结合直立萌条的修剪以促萌。⑥合理取萌，一是应每年分期、分批次的取萌（第 1 次取萌多在 2~3 月，应将长度在 8cm 以上的萌条全部取出，第 2 次取萌在 4~5 月，可将长度在 6cm 以上的萌条取出，第 3 次取萌在 6 月左右，可将母株上的萌条不分长短全部取出，第 4 次取萌在 8 月下旬至 10 月，应将萌条全部取出），二是应只截取根际萌条，避免位置效应（李炎祥，2015）。

8.5.2 案例的课堂设计

第一，明确本案例教学的学习目标：①熟知世界及我国重要的、典型的无性系林业研究和推广发展的树种，了解这些树种无性系林业发展的现状和趋势。②学会综合运用"森林培育学"中的森林立地、良种选育（优良无性系选育）、无性系采穗圃的建立、无性繁殖、苗木培育、人工造林、抚育管理、收获作业等的理论和技术开展无性系林培育工作，掌握各主要阶段的关键技术，构建无性系林培育的技术体系，建设集约化经营的无性系林培育模式，为我国工业人工林的可持续发展提供良种良法的支撑和保障。总的学习目标可以分解为以下 3 个具体目标：①熟知世界及我国重要的、典型的无性系林的发展现状和趋势。②掌握无性系林培育中的优良无性系选育技术体系（优良群体和个体的确定以及促成育种体系的构建）、无性系采穗圃建设技术体系（圃址选择、圃地整理、母株栽植、母株促萌保幼、母株水肥管理、合理取萌等）、无性繁殖技术体系（扦插、组培等）等优良造林材料获取的主要环节的常用方法和关键技术。③掌握无性系林培育中的适宜立地的选择（适地适优良无性系）、造林整地（整地季节、整地方式、整地方法）、造林密度和林分密度（超短轮伐期、中短轮伐期、短轮伐期）、优良无性系的数目和其种植配置方式（块状混植、随机混植、带状混植等）、抚育管理（林地水肥管理、林木整形修枝管理）、收获作业（超短轮伐期、中短轮伐期、短轮伐期）等高效栽培技术体系中的主要培育流程的常用方法和关键技术，掌握我国重要的、典型的无性系林造林树种苗期、幼林期和成林期常见病虫害防治方法与技术。

第二，设计引发讨论的问题如下（按问题提出的顺序列出）：①大家知道或见过哪些树种组成的无性系林呢？这些树种有什么共性呢？这些树种组成的无性系林分有什么共性呢？这几个问题交流讨论之后，学生会对我国典型的或生长在身边的无性系林及其组成树种有了一定的了解和认识。②通过刚才大家看到的我国重要的、典型的无性系林分及其组成树种的图片，结合前面大家对生长在身边的无性系林分及其组成树种的讨论，请大家总结一下，常见或典型无性系林分及其组成树种的特性、价值及现状。这个问题交流讨论之后，学生会对我国发展无性系林的意义和无性系林的现状有了一个较全面的认识。期间若学生交流分析不全面，则教师进行补充讲解。③短轮伐期集约栽培的伐期类型有超短轮伐期、中短轮伐期和短轮伐期，按照 3 种伐期类型分别讨论，如何实现优良种植材料的选育和扩繁以及无性系林的高效培育和可持续经营？高效培育需要构建丰产栽培技术体系，那么这个技术体系包括哪些主要环节呢？各主要环节的关键技术又是什么呢？可持续经营需要建立稳定的人工林生态系统（连栽、更新方式），那么这个稳定生态系统的建立需要考量哪些因素和践行哪些措施呢？这一系列问题交流讨论之后，学生会对无性系培育过程和技术体系有清晰的、完整的认知，明白要实现某个目标应该怎么做以及还可以怎么做。期间若学生交流分析不全面，则教师进行补充讲解。

第三，设计开场，该案例教学采用直接向学生抛出问题的开场方式。

第四，板书规划，依据引发讨论的主要问题数目，将黑板分成 3 个区域，每个区域书写相应的讨论题目，题目下方记录学生回答的要点或关键词。

8.5.3 案例教学的组织实施

本部分案例教学的组织实施参见 2.5.3。

8.5.4 教学效果分析评价

本部分教学效果分析评价的思路、原则和调查表参见 2.5.4。

8.6 小结

本章以无性系林业专题为教学内容，通过无性系林培育理论与技术（无性系和无性系林业的概念、无性系林业的优越性、无性繁殖的应用、无性系选育与栽培的特点、无性系林业产生的背景、无性系林业的发展阶段、无性系林业的发展趋势、优良无性系选育技术体系、优良无性系栽培技术体系、无性系的短周期栽培和定向培育、发展无性系林业的生物学障碍及其克服途径等）的课堂讲授，结合无性系林业案例教学（适宜案例材料的选取、详细的案例课堂设计、有序的案例教学组织实施和科学的案例教学效果分析评价）的课堂交流讨论，使学生在深入理解理论知识的基础上，熟练掌握无性系林高效培育和可持续经营的主要环节的关键技术和关键因素调控，将理性认知和感性认知相结合，构建系统的无性系林培育知识体系，解决我国人工工业林培育中存在的问题和技术难点，改善林产品的原料供给能力和林产品的品质，提高学生分析和解决问题的能力，提升学生的专业能力和职业能力。

第 9 章

林木化感作用专题

9.1 化感作用概述

中国植物化感作用研究始于20世纪70年代中国台湾地区，大陆地区80年代才有所了解并有零星的研究，更多的研究始于90年代，至21世纪初达到相当的规模和水平（孔垂华，2020）。植物化感作用研究经过近百年的发展壮大，对阐释以植物为中心的生态系统的化学作用关系以及生态系统构建和生产力具有积极意义。

化感作用是指一种植物通过向环境释放化学物质而对另一种植物或其自身产生的有害或有益作用（Rice，1984；赵福庚等，2004；Waseem et al.，2020；师小平等，2020）。植物化感作用的基本特征包括相互作用主客体都是植物，不包括植物和动物及其他有机体相互作用；相互作用的化学物质是植物次生物质，且必须通过合适的途径进入环境，不包括在植物体内转运的次生物质；化感物质主要用于影响自身或邻近植物的生长发育，不包括用于植物间化学通讯或污染环境。植物化感物质的释放方式主要有挥发、淋溶、根分泌、植株残体腐烂释放（师小平等，2020）。挥发是指一些挥发性化感物质（主要是萜类）通过植物体表进入环境而发挥作用，如蒿属植物、桉属植物和鼠尾草属植物等产生的挥发性物质能抑制附近杂草的生长。淋溶是指由于雨水或雾滴的作用，一些水溶性化合物（主要包括有机酸、氨基酸、萜类和酚类等）被从植物表面淋洗下来，在其周围土壤中积累，从而对周围植物产生影响，如菊科植物叶的淋溶物，抑制周围其他植物的生长。根分泌是指化感物质从根系分泌出来，在土壤中积累。如水稻根分泌物中含有的酚酸类物质，抑制连作水稻根系的正常生长。植株残体腐烂释放是指植物及其某些器官死亡后，其中的复合物或聚合物被微生物分解而释放出某些化合物，对周围植物起化感作用（马红叶等，2020；武兆昕，2020），如蕨类植物之间很少存在其他的草本植物，就是由于蕨类植物枯死的枝叶释放出来的酚类物质起的化感作用（赵福庚等，2004）。

生物测定是植物化感研究非常重要的手段。植物化感作用的确定、化感物质的提取和鉴定以及化感作用机理的研究都必须进行生物测定。统一的生物测定方法，对于提高化感研究的可靠性和可比性是非常重要的。生物测定中化感物质的提取，主要分两类情况，一是植物地上部分和土壤中的化感物质提取主要采用溶剂浸提法；二是根系中的化感物质提取主要采用栽培收集法（赵福庚等，2004）。溶剂浸提法，通常用水作为浸提溶剂，在常温条件下，提取未经粉碎研磨的植物材料（模拟化感物质的淋溶释放途径），注意控制浸提溶剂的用量，以使浸提液的浓度在自然状态下可能的浓度范围内（余阳等，2020）。栽培收集法，通常将植物栽种在无菌水、培养液或固体基质（培养基、沙子、蛭石、珍珠岩、石英砂等）中，培养一段时间后，取培养液、培养基质，收集其中的化感物质。栽培收集法也可使用"连续根分泌物收集装置"，该系统采用水培或沙培固定植物，能保持根的原状，用 XAD-4 中性交换树脂收集根所释放的疏水性物质（该树脂不吸附营养元素），培养一段时间后，再用甲醇洗脱树脂中吸附的物质（廖继佩等，2003），进行生物测定和洗脱液分离鉴定。生物测定中受体植物的选择，通常是根据具体的实验目的来确定的。如果是研究某一植物的化感能力，一般选择发芽快、发芽整齐、容易生长、对化感物质敏感的植物（如萝卜、莴苣等）作为受体植物。如果是研究某一植物对特定植物的化感作用，则应以该特定植物为受体植物，如研究紫茎泽兰对云南松的化感效应，云南松即为受体植物。

生物测定方法主要有种子萌发实验、幼苗生长发育实验、同位素示踪实验、挥发性物质测定和田间测定（赵福庚等，2004）。种子萌发实验因其简单、快速、实验条件易控、需化感物质少等优点，成为目前应用较多的生物测定方法。化感作用研究的种子萌发实验不同于林木种子品质检验的种子萌发实验，前者常用培养皿+滤纸或三角瓶+琼脂作为发芽床（滤纸/琼脂含有不同浓度的化感物质），后者常用发芽皿+滤纸作为发芽床，将种子置床后，放置于人工气候箱中，使之在适宜的光照、温度和湿度条件下培养至发芽结束，而后统计并计算各处理（对照处理和不同浓度化感物质处理）种子的发芽率、发芽势、萌发指数。幼苗生长发育实验也是比较常用的生物测定方法，一般通过幼苗生长形态指标（胚根长、胚轴长、苗高）和生物量（根茎叶鲜重、根茎叶干重）来反映化感作用效应。同位素示踪实验可用于研究自然生境中化感物质对元素吸收的影响，进而从养分生理角度讨论化感物质的作用机理，如 ^{32}P 示踪标记和 ^{35}S 示踪标记。挥发性物质测定用于测定植物挥发性物质的化感效应，具体方法是将可产生挥发性物质的植物材料置于密闭容器（如干燥器等）的底部，将已完成置床的培养皿放在密闭容器的中部，揭开培养皿的盖子，做种子萌发实验。田间测定用于确认实验室观察到的化感效应在田间的表现，田间试验主要采用附加栽培法（将两种植物混植，固定一种植物的种植密度，只变化另一种植物的种植密度）和置换栽培法（将两种植物混植，固定总的种植密度，而改变两种植物的种植比例）。

化感作用效应不仅取决于产生化感物质的植物的生理特性，同时也与外界环境条件以及受体植物的生理状态有关。影响化感作用的因素主要包括光、营养、水、化学物质、植物组织及其年龄、微生物、二氧化碳浓度和温度（赵福庚等，2004）。光质、光强和光照时间对化感物质的生物合成有重要的调节作用，如长日照可提高植物体内酚酸和萜的含量。营养缺乏会提高植物体内绿原酸和莨菪灵的含量；给受体植物补充营养，可减小受体植物受到的化感抑制效应。水缺乏会提高植物体内绿原酸的含量，也会增加萜类释放量。除草剂的使用会提高植物体内莨菪灵的含量。植物不同亚种、相同种的不同组织、相同组织不同年龄产生化感物质的种类和数量均有差别。化感物质通过植株残体腐烂释放就是在微生物作用分解产生的，因此植物周围环境中微生物的种类和数量，对化感物质的释放有重要影响。大气中二氧化碳是植物光合作用的重要原料，二氧化碳浓度的变化会影响植物体内同化产物的含量和分配，从而影响化感物质的种类和数量。在较高的温度下，化感作用的强度会有所提高，一方面可能源于植物产生的化感物质的数量增加；另一方面，可能源于受体植物对化感物质的敏感性增大。

9.2 化感物质及其作用机制

化感物质是植物次生代谢的产物，种类繁多，结构多样，植物可产生的次生代谢产物有 40 多万种，其中植物次生代谢化感物质的种类超过 10 万种（师小平等，2020）。化感物质的研究是植物化感作用研究的核心。目前，通常将化感物质分为酚类、萜类、糖和糖苷类、生物碱和非蛋白氨基酸、其他化感物质 5 类（赵福庚等，2004）。由于酚类化合物更易于分离提纯，因此在已鉴定的化感物质中，酚类是研究较早的一类，同时也是种类最多的一类，酚类又可分为简单酚类化合物、醌类、香豆素类和黄酮类（刘晓丽等，2020）。简单酚类化合物主要有邻苯二酚、水杨酸、对羟基苯甲酸、香豆酸、阿魏酸、香草酸、龙胆酸、高藜芦酸等。醌类主要有胡桃醌和高粱醌，醌类物质具有强烈的除草活性。香豆素类主要有莨菪亭、伞形花内酯、呋喃香豆素补骨脂素和吡喃香豆素等，香豆素类物质是种子萌发抑制剂。黄酮类主要包括结构不同的黄酮，如山奈酚、槲皮素、木犀草素、杨梅素、麦黄酮等，多抑制其他植物的生长。萜类化合物是由不同数目的异戊二烯连接而成的，萜类化合物水溶性较差，其分离提纯难于酚类化合物。萜类又可分为单萜和倍半萜、二萜、三萜。单萜是植物精油的主要成分，单萜和倍半萜主要有 1,8- 桉叶素、樟脑、蒎烯、月桂烯、柠檬烯、桉叶油醇、小白菊内酯、松油烯等。二萜中的臭椿酮是植物苗期使用的除草剂，紫罗兰酮为苘麻挥发油中重要的化感成分（李春英等，2020）。三萜主要有 $3\alpha,20S,24R,25$- 四羟基达玛烷、$3\beta,20S,24R,25$- 四羟基达玛烷、gardaubryone C、12β-hydroxycotillone、hispidol B、匹西狄醇 A、altissimanin B、$23,24,25$- 三羟基甘遂烷 -7- 烯 -3,6- 二酮（张爽，2020）。糖和糖苷类主要包括由鼠李糖和半乳糖醛酸衍生物通过 α-1-2- 顺式连接的双糖、生氰糖苷、野樱苷、苜蓿素 -7-O- 新橙皮糖苷、它乔糖苷（顾承真等，2020）等。生物碱和非蛋白质氨基酸主要有毒扁豆碱、禾碱、苦豆碱、咖啡碱、喜树碱、铁屎米酮类生物碱以及豆科植物种子和根中提取的非蛋白质氨基酸（范晓月等，2020；张爽，2020）。其他化感物质主要有多炔母菊酯、顺脱氢母菊酯、早熟素 1 和早熟素 2,3- 羟基 -4- 甲氧基苯乙酮、4- 羟基 -3- 甲氧基肉桂醛、stigmast-4-en–6β-ol-3-one 和 stigmast-4,22E-dien-6α-ol-3-one 两个甾体化合物（赵福庚等，2004；顾承真等，2020）。

植物分泌的化感物质，大多数种类在一定浓度下，会对其他植物或本种植物的种子萌发和幼苗生长有或强或弱的抑制作用，少数种类在一定的浓度下会有促进作用。化感物质的作用机制（赵福庚等，2004；师小平等，2020）可以从以下 8 个方面进行阐释：①影响细胞膜的透性。化感物质破坏细胞壁、降低超氧化物歧化酶和过氧化氢酶的活性，使细胞内活性氧增多，启动膜质过氧化，破坏膜的结构，增加膜的透性，降低细胞膜选择透过能力，使电解质外溢。②影响细胞分裂、伸长和根尖的细微结构。化感物质通过抑制有丝分裂过程中纺锤丝的形成，抑制细胞分裂；通过抑制细胞壁中纤维素的合成，抑制细胞的伸长；通过改变细胞、细胞器和组织的正常结构，抑制细胞分化。③影响矿质离子的吸收。化感物质通过抑制 ATP 酶的活性来抑制矿质离子的吸收，酚类化合物是根系吸收离子的有效抑制剂。④影响呼吸作用。化感物质通过减少氧气的摄入，阻止 NADH 的氧化，抑制 ATP 酶的活性，抑制呼吸作用，醌类化合物是线粒体呼吸抑制剂。⑤影响光合作用。化感物质通过增加气孔扩散阻力、减少叶绿素含量、降低叶片水势、抑制光系统 Ⅱ 中的电子转移，抑制光合作用。⑥影响蛋白质合成和核酸代谢。化感物质（酚类化合物）通过抑制氨基酸运输和蛋白质合成，降低磷向 DNA 和 RNA 的整合，抑制植物生长。⑦影响激素的活性。氯原酸、咖啡酸、阿魏酸等阻抑吲哚乙酸的降解，增强吲哚乙酸诱导生长能力；香豆酸、香草酸、丁香酸、对羟基苯甲酸等刺激吲哚乙酸氧化酶的活性，阻止吲哚乙酸、赤霉素等诱导生长能力。⑧影响酶的活性和基因表达。种子萌发所需的关键酶类（磷酸化酶、过氧化物酶、过氧化氢酶、纤维素酶、淀粉酶、酸性磷酸化酶等）可被化感物质（氯原酸、咖啡酸、儿茶酚、单宁等）抑制；N- 苯基 -2- 萘胺可使小球藻 $psaB$ 与 $psbC$ 基因在表达过程中的转录阶段明显受到抑制，ABA 可以抑制水稻 $OsP5CR$ 基因的表达。

9.3 逆境下的化感物质产生及其机理

通常认为，在逆境下，植物产生的化感物质会增多，化感作用会增强。化感物质增多的原因，可从以下两个方面来解释，一是植物以释放化感物质的方式抑制周围其他植物的生长，从而增加其对养分、水分等的相对竞争能力；二是植物释放的化感物质（酚酸类物质）有助于其吸收土壤中的营养元素，提高其抗逆性，从而增加植物在逆境下的相对竞争能力。化感作用增强的原因，也可以从两个方面来解释，一是逆境下植物产生的化感物质增多；二是逆境下受体植物对化感物质的敏感性增加。

逆境对化感物质增多的诱导机理主要有 4 个假说，分别是碳素 / 营养平衡假说、生长 / 分化平衡假说、最佳防御假说和资源获得假说。碳素 / 营养平衡假说建立在植物营养对植物生长的影响大于其对光合作用影响的理论基础之上，当营养胁迫时，植物生长的速度大为减慢，与之相比，光合作用变化不大，植物会积累较多 C、H 元素，体内 C/N 增大；植物体内以 C 为基础的次生代谢物质（如酚类、萜烯类）含量与植物体内的 C/N 呈正相关，而以 N 为基础的次生代谢物质（如生物碱）含量与 C/N 呈负相关，因此逆境下酚类、萜烯类物质增多。生长/分化平衡假说的理论基础是，植物的生长发育从细胞水平上可分为生长和分化两个过程，生长主要包括细胞的分裂和增大，分化主要包括细胞的分化和成熟，次生代谢物质是细胞分化和成熟过程中生理活动的产物；该假说认为，在资源充足的情况下，植物以生长为主，在资源匮乏的情况下，植物以分化为主，因此逆境下次生代谢物质增多。最佳防御假说认为，植物只有在其产生的次生代谢物质所获得的防御收益大于其生长所获得的收益时，才会产生次生代谢物质；在环境胁迫下，植物生长减慢，此时产生次生代谢物质的成本降低，同时植物受损害的补偿能力较差，次生代谢物质的防御收益增加，因此逆境下次生代谢物质增多。资源获得假说认为，由于自然选择的结果，在环境恶劣的自然条件下生长的植物，具有生长慢而次生代谢物质多的特点，而在良好自然条件下生长的植物，其生长较快且次生代谢物质较少。碳素/营养平衡假说和生长/分化平衡假说皆认为，植物次生代谢物质的产生是由于外界环境条件变化引起植物体内物质积累的一个被动过程；最佳防御假说和资源获得假说均认为植物次生代谢物质的产生是根据其产生成本的变化而变化的主动过程。4 个假说都从各自的角度说明，逆境下，植物次生代谢物质的数量是增加的。

9.4 化感作用的应用

化感作用在农业上的应用主要有作物栽培耕作制度、秸秆还田制度、品种改良与应用、杂草防除和病虫害的防治等（赵福庚等，2004；师小平等，2020）。合理利用轮作制度，不仅可以减少土壤中有抑制作用的化感物质的积累，还可以利用轮作中一茬有明显抑制效应的植物的化感作用，发挥治草作用。吕丰娟等（2020）通过对芝麻花期根系分泌物中酚酸类物质含量在正茬和连作条件下的变化及其自毒作用的研究，探讨了 3 个不同连作抗性芝麻品种根系分泌物中具有化感作用的酚酸类物质。弄清不同的作物残体秸秆还田中化感作用的抑制效应和有益效应，充分利用作物秸秆还田后释放的活性化感物质（赵绪生等，2020），降低对下茬作物的不利影响，并且有效地控制和减少杂草的发生。作物不同品种产生化感作用的效应不同，筛选具有化感潜力的水稻是利用水稻化感作用进行杂草防控的重要工作（李家玉等，2020）；可通过遗传育种、基因工程将有利于该植物生长的生化化感特性转移到目标植物上，如将能产生抑制稗草的生化化感物质基因转入综合性状好的水稻品种；对于需连作的作物，可选用自体毒性较小的品种，避免生化化感物质对连作物的不利影响。可以利用植物化感作用的克生效应，通过化感植物地面覆盖、化感物质的人工提取进行杂草防除，如香蕉园施用白花鬼针草浸提液可以起到良好的防控短叶水蜈蚣、牛筋草、柔弱斑种草等杂草和促进香蕉苗生长的作用（杜浩等，2020）。可以利用植物化感物质的异味、毒性等驱赶或杀死昆虫、抑制病原微生物，进行病虫害防治，如百里香化感物质在植物病虫害防治上的应用（张禄，2020）。天然的植物化感物质具有较小的环境毒性，利用化感物质作为杀虫剂、除草剂（刘晓丽等，2020），有利于生态环境的保护。

化感作用是森林生态系统中普遍存在的一种现象，它对森林群落的结构、功能、效益及发展均有重大影响，是一个不可忽视的生态化学因子。在人工林经营中，普遍存在连栽障碍问题，如杉木、桉树连栽引起地力衰退、生产力下降等。除了不合理的人工林经营管理技术和措施之外，人工林生态系统本身的问题也是引起连载障碍的一个重要的原因。多代连栽，会使化感物质在林内土壤中较多累积，从而对连栽树种的种子萌发、苗木生长和林木生长产生抑制效应。化感作用影响森林植物生长的研究较多，如黑胡桃树下农作物或杂草生长受抑；桉树抑制欧石楠和木麻黄生长；樱桃树下杂草生长被抑制；杉木、油茶对各自种子萌发和幼苗生长的自毒作用；伴生树种对杉木种子萌发和幼苗生长的促进效应；松类树种（如落叶松、油松、红松）为主要树种的混交林内，树种间的化感作用比较复杂，有的是抑制效应，有的是促进效应；不同阔叶树种间的化感作用也比较复杂，抑制效应或促进效应依树种的搭配不同而各异（黑接骨木与云杉、黄栌与鞑靼槭、累果红瑞木与白蜡槭、南方红豆杉与喜树均有相互促进作用，榆树与栎、白桦与松、云杉与松均有相互抑制的作用）（赵福庚等，2004；李春英等，2021；厉波等，2020）；林木凋落物分解可释放养分维持森林生态系统养分平衡和正常的物质循环，也释放化感物质影响伴生植物生长发育，在群落竞争和种群调节中具有重要生态作用（马红叶等，2020；贾梅花等，2021）。化感作用对林木生理生化特性方面的研究也有相关报道，但总体来说，研究少且不够深入。胡桃醌通过抑制氧化磷酸化作用和减慢电子运输氧气的速度这两个内在调节机制而抑制植物的呼吸作用。木荷、马尾松、丝栗栲等植物种的水浸液对杉木叶绿体超微结构和杉木幼苗的光合、呼吸作用均存在不同程度的影响。酚类化合物如肉桂酸及其派生物抑制ATP酶的水解作用。

今后可从以下几个方面进一步加强林木化感作用的研究：从生理生化水平、细胞器水平、信号转导、代谢组学等方面探讨化感物质对林木的作用机理；从光照、温度、水分、土壤pH值等环境条件方面分析其对化感物质产生的影响；从化感活性物质发生作用的活性剂量方面探讨化感作用发生的实际情况；加强化感物质分离、纯化、鉴定，从而发现新的化感物质；加强人工混交林种间关系化感作用及人工林连栽自毒作用的研究，探讨林木树种混交对林分质量和生产力的影响。将林木化感作用研究推进到一个新的广度（植物—植物、植物-动物和植物-微生物的化学联系）和深度（植物种间和种内全面的化学联系）（孔垂华，2020）。

9.5 林木化感作用的案例教学

9.5.1 案例材料的选取

我国植物种或树种资源丰富，可产生化感物质的植物种或树种很多，如何选择高等植物间化感作用专题案例教学的植物种或树种呢？针对西南林业大学森林培育专业学生以云南生源为主的特点，尽可能立足身边选大家熟悉的植物种或树种作为案例教学的材料。笔者长年在我国西南地区从事森林培育的教学和科研工作，根据其对紫茎泽兰、蓝桉、旱冬瓜等植物化感作用的研究，已形成了从化感物质的提取、分离、鉴定到化感作用的生物测定，再到化感效应的生理指标测定及其生理机理分析等比较完整的植物化感作用研究方法体系；而且这 3 个植物种的化感作用涵盖了抑制作用、自毒作用和促进作用 3 种典型情况。因此，认为这 3 个植物种是非常合适的案例材料。

紫茎泽兰（*Eupatorium adenophorum*）是菊科泽兰属多年生草本植物，为世界范围广泛分布的著名恶性杂草，原产美洲的墨西哥至哥斯达黎加。于 20 世纪 40 年代由中缅边境传入云南，经半个多世纪的扩散，现已在云南、贵州、四川、广西和西藏的亚热带地区广泛分布和危害（He, et al., 1990）。紫茎泽兰具有相当的毒性，其植株含有 10 余种活性物质，对某些植物种子萌发和幼苗生长有抑制作用，且随浓度的升高效应增强（Angiras et al., 1988；Angiras et al., 1989；Yadav et al., 1984），进而导致原有植物的群落的衰退和消失，很快能形成单优势群落，疯狂蔓延开来，使其能对植物、动物甚至人类带来危害，给我国农业、生态、经济造成巨大的损失。鉴于云南分布较广的云南松林、蓝桉林、杉木林下普遍分布有紫茎泽兰的现状，本书作者分别以云南松、蓝桉、杉木为受体植物，研究紫茎泽兰（图 9-1）产生的化感物质对这些树种种子萌发、幼苗生长的化感效应及其生理机制，探讨紫茎泽兰的存在对林分天然更新的影响以及对林分种群结构和土壤种子库特性的影响，同时提出紫茎泽兰在苗木培育中的应用（王晓丽等，2010a；曹子林等，2011a；2012a；2012b；2016a；2016b；2017a；2017b；伍丙德等，2018）。

蓝桉属桃金娘科桉属高大乔木，为引种于我国西南地区的油材两用树种，常作为短周期工业用材林或油用经济林种植，为世界桉叶油生产的主要来源植物（Corredoira et al., 2015）。桉树的大量引种栽植，带来了显著的经济效益，但也带来了一系列的生态环境和生产方面的问题，如生物多样性下降、土壤退化、土地生产力下降、多代连栽产量下降等。对于这些现象，以往人们通常归结为桉树对水、肥竞争的结果。但越来越多的研究结果证明，桉树除具有较强的水、肥竞争力外，更重要的因素是它具有较强的化感作用。桉树会释放某些化学物质以抑制林内其他植物的生长，从而导致林内群落结构简单，林下灌木和草本植物稀少，进而引起较为严重的水土流失。近年来，关于桉树化感作用的研究已有一些相关报道（曹潘荣等，1996；廖建良等，2000；刘小香等，2008；曹子林等，2012c）。本书作者就云南引种最早、栽培较多、经济价值较高的桉树——蓝桉的自毒作用开展了相关研究（图9-2），从蓝桉化感物质的主要释放途径（淋溶和挥发）角度出发，分析了蓝桉枝叶浸提液和枝叶气态挥发物对其种子萌发和幼苗生长的化感效应（曹子林等，2009；曹子林等，2011b；曹子林等，2012d）。

a. 紫茎泽兰　　　　　　　　　b. 紫茎泽兰地上部分完整样品化感物质浸提

图9-1　紫茎泽兰化感作用研究

a. 蓝桉化感物质释放的挥发和淋溶　　　　b. 蓝桉化感物质释放的根系分泌和植株残体分解

 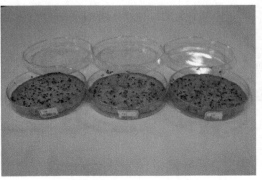

c. 蓝桉自毒作用生物测定的置床　　　　d. 蓝桉自毒作用生物测定的发芽实验结束

图9-2　蓝桉化感作用研究

旱冬瓜是桦木科桤木属的高大乔木。天然分布于印度、锡金、不丹、尼泊尔和中国，越南和印度尼西亚也有栽培。我国主要分布于云南、西藏、贵州、四川西南部和广西，生长于海拔700~3 600m的山坡、河岸阶地及村落，可形成纯林或与针叶树种伴生形成混交林。旱冬瓜具速生性，是云南省一种优良的多用途乡土树种。旱冬瓜根部着生根瘤菌，叶为良好的天然肥料和饲料，木材用途广，宜作造纸材、用材、薪材及菇用材，是理想的短周期工业用材原料林、生态防护林和混交造林树种，也是人工林树种结构调整的首选树种之一，同时也被广泛应用于农业耕作系统和农林复合系统，对促进作物增产效果良好（Sharma et al., 1994）。在云南，旱冬瓜可天然形成大面积的纯林，可与云南松形成天然混交林，还可与大叶种普洱茶混植，形成增产提质效果良好的林茶复合系统。作为优良的伴生树种，以往很多学者多从旱冬瓜具根瘤，可改良土壤；叶易腐烂分解，是很好的绿肥；凋落物数量多等方面探讨旱冬瓜护土、改土和促进主要树种生长的机理。本书作者从旱冬瓜（图9-3）次生代谢产物角度出发，探讨旱冬瓜化感物质对主要树种云南松的促生效应及其机制（王晓丽等，2010b；2010c；2012a；2012b），为全面认识旱冬瓜对农林业生产增产提质的效应机理提供依据。

a. 旱冬瓜

b. 表面已清洗干净的旱冬瓜叶片

c. 旱冬瓜完整叶片化感物质浸提

d. 旱冬瓜叶片化感物质浸提液

e. 生物测定的云南松种子置床
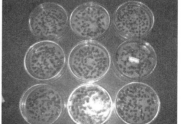
f. 生物测定的云南松种子发芽

图9-3 旱冬瓜化感作用研究

9.5.2 案例的课堂设计

第一，明确本案例教学的学习目标：①掌握高等植物间化感作用的基本特征、化感物质释放的途径、化感作用生物测定的方法、化感作用效应及其生理和分子机理的研究思路，熟知我国或本地区广泛分布的、重要的、典型的化感作用植物种或树种，了解化感作用或化感物质在农林业生产中的应用。②学会综合运用"森林培育学"中的森林立地、树种选择、林分结构控制等的理论和技术，结合林木化感作用研究，全面认识人工林生态系统，更好地开展人工林培育工作，为人工林混交树种选择、人工林连栽适宜品种的选用提供依据，在实现人工林定向、高效培育目标的同时，保障人工林的稳定和可持续发展。总的学习目标可以分解为以下3个具体目标：①通过教师课堂讲授的理论知识，学生掌握化感作用的基本特征、化感物质释放的途径、化感作用生物测定的方法、化感作用效应及其生理和分子机理的研究方向。②通过课堂讨论交流，学生了解自己身边常见植物是否可以产生具有化感作用的次生代谢产物，同时了解典型的具化感作用的植物种以及典型的化感物质种类。③掌握人工林高效培育中适宜立地的选择（适地适树）、林分结构的调控（树种组成、种植点配置、混交方式、混交方法、混交比例）、人工林连栽调控（连栽代数、连栽品种、轮作树种）等主要培育流程中林学和化学生态学契合后形成的方法和技术，掌握我国或本地区重要的、典型的化感作用树种人工林培育的关键技术。

第二，设计引发讨论的问题如下（按问题提出的顺序列出）：①大家知道或见过哪些具化感作用的植物种或树种呢？这些植物种或树种有什么典型特征呢（如有特殊的气味或折断后有乳汁状的分泌物等）？这些植物种或树种形成的群落结构有什么特点呢（如周围其他植物少，群落生物多样性偏低甚至形成单群落结构）？这几个问题交流讨论之后，学生会对生长在身边的具化感作用的植物种或树种有了一定的了解和认识。②通过刚才大家看到的我国或本地区重要的、典型的具化感作用植物种或树种的化感效应及其生理机理研究的相关图片，结合前面大家对生长在身边的具化感作用植物种或树种的讨论，请大家总结一下，常见或典型具化感作用植物种或树种的化感效应研究中常用的方法和关键技术，研究所获得的化感物质种类、化感效应结果及其化感效应机理。这个问题交流讨论之后，学生会对化感作用的研究方法和研究现状有了一个较全面的认识。期间若学生交流分析不全面，则教师进行补充讲解。③大家回顾一下以前在"森林培育学"中所学的森林立地、树种选择、林分结构控制等的理论和技术，结合我们刚刚讨论的林木化感作用研究的方法与技术，来分析如何实现人工林的高效培育和可持续经营？人工混交林的营造和管理应考虑的主要环节和关键技术？人工纯林的营造和管理应考虑的主要环节和关键技术？人工纯林连栽应考虑的主要环节和关键技术？这一系列问题交流讨论之后，学生会对人工林培育中林学和化学生态学契合后形成的方法和技术体系有清晰的、完整的认知，明白要实现人工林高效培育和可持续经营的目标应该怎么做。期间若学生交流分析不全面，则教师进行补充讲解。

第三，设计开场，该案例教学采用直接向学生抛出问题的开场方式。

第四，板书规划，依据引发讨论的主要问题数目，将黑板分成3个区域，每个区域书写相应的讨论题目，题目下方记录学生回答的要点或关键词。

9.5.3 案例教学的组织实施

本部分案例教学的组织实施参见 2.5.3。

9.5.4 教学效果分析评价

本部分教学效果分析评价的思路、原则和调查表参见 2.5.4。

9.6 小结

本章以林木化感作用专题为教学内容，通过化感作用研究理论与技术（化感作用的概念及其发展历程、化感作用的基本特征、化感物质的释放方式、化感物质的提取、化感作用的生物测定方法、影响化感作用的因素、化感物质的主要种类、化感物质的作用机制、逆境对植物化感物质产生的效应、逆境诱导化感物质增多的机理、化感作用在农业上的应用、化感作用在林业上的应用）的课堂讲授，结合林木化感作用案例教学（适宜案例材料的选取、详细的案例课堂设计、有序的案例教学组织实施和科学的案例教学效果分析评价）的课堂交流讨论，使学生在深入理解理论知识的基础上，熟练掌握人工林高效培育和可持续经营中林学和化学生态学契合后形成的方法和技术体系，将理性认知和感性认知相结合，构建系统的人工林培育知识体系，解决人工林培育中混交树种选择的困惑以及人工林连栽中生产力下降、地力衰退的难题，提高我国人工林培育效率，改善我国人工林的稳定性和可持续性，提高学生分析和解决问题的能力，提升学生的专业能力和职业能力。

第 10 章

径流林业专题

10.1 干旱问题

干旱,是困扰世界 50 多个国家和地区种植业发展的一大难题。根据联合国粮食及农业组织(FAO)统计,全球干旱、半干旱地区约占陆地总面积的 34.9%,主要分布在澳大利亚、非洲和亚洲。我国干旱、半干旱地区所占比例更高,达国土面积的 52.5%(涂璟等,2003)。其中,深居我国内陆的黄土高原地区,总面积 $63 \times 10^4 km^2$,干旱、半干旱地区高达 68.8%。

干旱、半干旱地区的显著特点是降水量小且变率大,加之蒸发强烈,气候异常干燥,水资源极度匮乏。以黄土高原为例,其耕地平均地表水占有量 $2\,565 m^3/hm^2$,仅相当于全国平均值的 9.8%。农业用水尚且不足,林业灌溉可想而知,加之林业用地的复杂性,使得天然降水成为该地区林业生产的唯一水源。此外,该区地形破碎、暴雨集中、水土流失异常严重、降水资源利用率不高,从而极大地制约着人工植被的生存和发展(涂璟等,2003)。多年来,国家为了治理生态环境、增加植被盖度,投入了大量的人力、物力和财力,虽然取得了一定成效,但由于干旱问题的存在和抗旱技术水平的限制,造林成活率、保存率及林木生长量仍然很低(张中峰等,2018)。根据统计,1949 年以后黄土高原造林面积累计达 $1\,000 \times 10^4 hm^2$,但保存面积只有 1/4 左右。就保存下来的人工林来看,相当一部分仍在不断地恶化其赖以生存的土壤水分条件,生长极其缓慢。根据中国科学院黄土高原综合考察队调查统计,黄土高原地区单位面积平均蓄积量为 $41.8 m^3/hm^2$,仅为全国平均值的 49.1%;林业用地面积比例虽与全国接近,但林业用地中无林地面积高达 52.2%。因此,大面积的宜林地亟待恢复植被。另外,现有人工林中"小老树"和土壤干化现象日益严重,这就迫使林业工作者不得不从新的角度去研究这一问题。

大量研究表明,不良的土壤水分条件是制约该区人工林植被建设与持续发展的主要障碍(杜欣泽,2009)。对以天然降水为主要来源的黄土高原,能否使有限的天然降水最大地积蓄在林木根系分布层并被高效利用,就成为人工林植被建设和持续发展的关键。因此,运用现代科学理论和方法,系统研究该区人工林生态系统水分运移调控机理,对组建具有区域特色的旱区林业模式无疑有着重要的现实意义。

10.2 径流林业的概念与本质含义

10.2.1 径流林业的概念

自 20 世纪 60 年代以来,国内外将利用径流开展造林的工作称为汇集径流造林、集水造林、集流造林、径流集水造林等。80 年代初,甘肃省干旱研究中心虽然提出了"径流林业"的概念，但仍局限于单纯的、狭义的，旨在为树木生长创造一个适宜生长环境这样一个"改地适树"的造林思想上（余清珠等，1993；尹柞栋等，1994）。80年代末，随着可持续发展思想的概念化、国际化以及集水造林工作的不断深入，"径流林业"的概念才受到重视，并被不断地赋予新的内容。王斌瑞（1996）通过国家"七五""八五"攻关研究，对径流林业的主攻方向、总体目标和特点等做了阐述，使径流林业进入了一个崭新的时期，但尚未提出一个明确的概念。王进鑫等（2000）指出，从人类未来发展的新模式——可持续发展的角度来看，径流林业是一种可持续发展的旱区林业模式，是指以水量平衡原理和土壤－植物－大气连续体（SPAC）水分运移理论为指导，利用工程富集技术对有限的天然降水以径流形式叠加、集存保蓄，并对其进行时空调控，使之与生物节水、高效利用技术耦合，充分利用有限的水资源，实现人工林植被可持续发展的现代林业理论与技术体系。

10.2.2 径流林业的本质含义

10.2.2.1 主攻方向及应用范围

径流林业是干旱、半干旱地区（包括湿润水分补偿亏缺区）的林业发展模式，其研究的主攻方向必须集中于"水"上。因此，一切与此有关的技术措施都必须围绕"水"为中心。

10.2.2.2 依据的理论基础

水量平衡原理和SPAC水分运移理论是径流林业必须遵循的两个基本原理。前者是实现旱区可持续发展的必然要求，而后者是对水分贮存、保蓄和高效利用进行调控的基本保证。

10.2.2.3 研究的核心内容与特点

（1）高效集水相关技术。包括集水面防渗处理材料的开发技术，集水区的形状、面积、土壤质地、坡度及降水特性与集水效率等的关系研究，使有限的降水在空间上叠加，尽可能多地富集于蓄水区（林木栽植带上），成为可利用的水资源。

（2）贮水保墒相关技术。包括促进积水入渗、增加土壤容水量和减少土壤水分无效蒸发的各种新材料开发及应用技术的研究，对水资源在时间尺度上进行调控，以满足林木生长对水分的要求。

（3）生物节水相关技术。包括树种的抗旱性（耐旱性和避旱性）、水分胁迫的生理反应、抗蒸腾剂研究和培育耐旱节水树种等技术，使树木水分亏缺敏感期与水分供应时期耦合，达到节水高产的目的。

10.2.2.4 可持续发展的总体目标

（1）林业发展的可持续性。即径流林业对降水资源的开发利用应限制在水资源环境容量范围之内，不仅要满足树木成活、生长对水分的要求，而且从长远来看不应恶化林地的土壤水分条件。

（2）水分利用的高效性。使有限的降水资源发挥出最大的林业生产效率。

（3）环境的无公害性。径流林业所使用的各种工程材料，不能造成土壤、水体的污染，也不应对树木生长造成毒害，并能有效地防止水土流失。

（4）技术的可行性。径流林业的各项技术不仅要达到一定的技术标准，而且应有较好的实用性和可操作性，这是技术推广的必然要求。

（5）经济上的合理性。径流林业的各项配套技术应具有低投入、高产出的性能，这是技术成果是否具有生命力的根本标志。

10.3 径流林业的研究历史与回顾

10.3.1 国外径流林业的研究历史

径流林业虽然是近年来提出的新概念，但利用朴素的径流集存技术发展农林业的历史却源远流长。在国外，考古学发现位于约旦南部的 Edom 山区在 9 000 年前就有收集雨水、径流的设施；在伊拉克 Ur 地区沿沙漠从海湾到麦加的道路两旁，6 500 年前就有收集道路径流浇灌作物的历史；在以色列内格夫（Negev）沙漠的纳巴特人（Nabateams）4 000 多年前就沿山坡修筑沟网、堆砌石坎集水，并将其引入干河浇灌农作物（吴淑芳等，2007）。随着时间的推移，这种方法被应用到造林事业中。19 世纪旅行者在突尼斯南部发现了用于种植树木的微集水系统，Pacey 等（1986）对这一技术做了首次报道。根据考证，这一技术的发源地则是以色列的内格夫沙漠，现被称之为 Negarim 集水系统，已经被推广到世界许多国家和地区。然而，有计划的径流林业研究始于 20 世纪中期。50 年代末，Popov（1977）进行了自然坡面集水造林试验；60 年代末，伊朗为治理德黑兰市空气污染，启动了耗时 20 年、营造 2 000km² 的防护林工程，因为干旱受挫，于是自 1970 年起借鉴美国利用石蜡处理集水坡面提高牧草产量的方法，利用沥青作为防渗材料进行集水造林。与此同时，美国、澳大利亚等国也将石蜡、沥青坡面处理技术应用于造林；印度、巴基斯坦、突尼斯、苏联等国也在地形较为复杂的干旱丘陵、沙漠地带进行了自然坡面的集水造林试验。80 年代以后，在 FAO 的支持下，埃及、塞浦路斯、约旦、土耳其、摩洛哥、利比亚、意大利等国相继开展了大量的应用研究工作，使传统的集水造林步入到径流林业的新阶段（张立恭，1997）。

10.3.2 我国径流林业的研究历史

在我国，远古的雨水、径流收集已无从考证，但在距今 4 100 多年的夏朝，我国农业始祖后稷就推广田耕作法。随着时间的推移，又相继创造了区田种植法、高山梯田、沟垄种植、修筑陂塘、水窖、旱井等以汇集径流、缓解干旱以及洪涝灾害，用于浇灌农作物和果树（吴淑芳等，2007）。然而，有意识地将集水技术用于造林则相对较晚。从20世纪40年代初开展水土流失径流小区试验以来，主要通过各种整地措施拦蓄自然坡面径流进行造林，取得了很多成果。80年代初，丁学儒（1994）利用集水技术进行育苗；新疆林业科学院通过人工增加坡降等集水技术进行梭梭造林试验（张立恭，1997）。但是，大规模的径流林业试验研究则从80年代中期开始，由北京林业大学联合4省科研、教学单位共同攻关，为世界径流林业研究谱写了新的篇章。与此同时，在蓄水保墒、抗旱树种选择方面也取得了一定进展。

10.3.3 森林生态系统水分运移理论研究现状

近一个世纪以来，水与土壤、植物、大气之间的关系，一直是众多学科研究的热点问题之一。特别是近几十年以来，随着系统思想的确立，水分能量概念的提出以及测试手段和计算技术的不断革新，森林生态系统水分研究从基本概念到研究方法、内容及深度均有很大突破，多学科的交叉研究日益增强。根据现有文献分析，主要研究成果集中在以下几个方面：

（1）基础研究主要包括森林土壤水分物理性质、水分动态变化、有效性、水分入渗和再分配过程等，这些研究尚以形态分析为主，能态密度概念的应用刚刚起步，测试手段落后，数学物理方法、数值技术和计算机模拟的应用还处于初始阶段。研究结果表明，黄土高原人工林土壤水分经常处于严重亏缺状态，并向干化方向发展。另外，林地土壤入渗率远高于荒坡，具有较高的蓄水减沙效应。

（2）对森林生态系统水文效应与水量平衡的研究主要集中在两个方面，一是森林水文效应，具体说明森林削减洪峰、涵养水源、保持水土的作用机理和效益；二是重在阐述森林对降水资源的重新分配和利用程度，为森林改良土壤和调控森林生态系统结构提供理论依据；测定的要素包括林冠截流、穿透降水、树干茎流、枯枝落叶持水、土壤蓄水以及地表径流、蒸散量、林木蒸腾耗水等。从现状来看，研究主要集中在较大区域范围内的水量平衡与资源分析方面，而且所研究的水量平衡期均比较长，忽略了一些水文要素之间及其随时间的变化，因此概括性很强；对于中小尺度的水量平衡问题，特别是关于在森林植被影响下土壤的水量平衡研究还处于初步阶段，研究成果甚少，急需加强。

（3）水分胁迫对树木生理生化、生长发育的影响与抗旱机理的研究表明，水分胁迫降低光合速率，从而导致生长量下降，但对水分亏缺最敏感的生理阶段是细胞延伸生长时期。从现有的文献来看，耐旱机理与生理生化研究较多，而生长发育研究较少，且研究的树种多集中在杨树、桦木、火炬松、山毛榉等几个树种上。此外，植物不同生长发育阶段对水分胁迫的敏感性在农业领域已经得到广泛的应用，而在林业上对这一问题的研究极少报道。

（4）随着系统思想的确立，研究者将土壤 – 植物 – 大气连续体看成一个统一的整体，用统一的水势指标，研究水分在连续体内各部分之间运移的通量、阻力、水容、势差等定量关系和机理，以便采取科学的调控措施，协调水－土－植物－大气连续体之间的关系，促进连续体内水分的良性运转。目前，这一方面的研究几乎都集中在农作物上，有关森林植被的研究极少报道。

10.4　径流林业相关理论与技术研究进展

应用森林生态系统各组分水分运移基础研究成果，能动地协调人与自然的关系，在防止土壤盐渍化、沙化、涵养水源、保持水土和提高森林生产力等方面发挥了重要作用。近20多年来，在天然林资源不断枯竭和由此产生的资源、环境、经济问题等诸多压力下，人们普遍重视了人工林的研究，尤其是以天然降水资源合理利用为中心的世界旱区人工植被建设研究有了长足进步。

10.4.1　集水技术

10.4.1.1　提高集水效率的可控途径

集水效率的高低，是径流林业成败的关键。早期的微集水区多为一些不透水的裸露岩石面，对岩面裂隙稍加处理便会有较高的集水效率，但广大干旱、半干旱地区宜林地上这种可供集水的裸露岩石毕竟很少。因此，利用自然坡面集水造林就成为首选措施。然而，自然坡面产流能力受降水量、降水强度、地面坡度、土壤质地、前期含水量等多种因素的制约，除湿润、半湿润地区外，一般径流系数很小，有些地区基本不产流。Dregne（1976）对世界干旱地区的研究表明，大约有67%的干旱地区不会出现任何溪流。我国对黄土高原自然坡面产流情况的大量研究表明，除植被较好的基岩山地径流系数可达30%~60%外，一般人工林地径流系数均在10%以下。王进鑫等对半干旱黄土丘陵区自然坡面集水造林试验研究表明，自然坡面集水率随年降水量的减小而锐减，在年均降水量571mm的情况下，$2.5m^2$的自然坡面微集水区基本可以满足造林成活与幼林生长阶段对水分的要求，但对耗水量较大的成林显然是不够的，"小老树"的存在和人工林地"土壤干层"的出现也说明了这个问题。因此，提高微集水区的产流率是旱区人工林可持续发展的主要途径之一。近年来，国内外对提高微集水区集水效率的技术措施进行了大量研究，归纳起来主要有两个方面。

（1）通过物理措施提高产流率。Myers（1974）、Mickelson（1975）、Fink（1979）、赵克昌（1992）等利用玻璃纤维沥青、异丁烯橡胶、塑料薄膜等材料覆盖微集水区表面，可使集水效率大幅度提高，但成本太高。塑料薄膜在雨强0.16mm/h、雨量1.5mm的小雨下即可产流，最大集流率89.9%，但易于老化破裂，大面积应用还会造成环境污染。将微集水区压实拍光，或通过整地措施加大集水面坡度也可使产流提高（杜欣泽，2009）。王斌瑞（1996）和王斌瑞等（1997）在黄土高原的试验表明，压实拍光可使产流率达到23%~29%，比自然坡面提高了2倍，但投劳多是其主要缺点。

（2）通过化学措施和生物措施提高产流率。使用土壤结构分散剂、斥水剂和土壤封孔剂等化学材料处理是很有前途的集水面处理方法，并在近几年来得到了较大的发展（涂璟等，2003；吴淑芳等，2007）。目前，国内外常用的防渗材料有钠盐、乳胶、蜡状物、沥青、YJG-1、YJG-2、YJG-3、生物材料（如地衣）、水泥和107胶的混合物等。其中，YJG（有机硅）系列和生物材料是最近几年国内开发使用的几种材料，特别是生物材料是国内外首次应用，为防渗处理开辟了新的材料领域（杜欣泽，2009）。Aldon（1975）等用石蜡作斥水剂，使平均集流率达到了87%，但石蜡容易受土壤冻融危害。Fink（1984）通过在石蜡中加入抗裂剂，既可以抑制石蜡层破裂，又使石蜡的用量减少到原来的1/8（0.25kg/m^2）。Frasier（1994）等用49g/m^2碳酸钠溶液处理集水面，可使集水率由33%提高到46%，但有效期仅3年；用颗粒状氯化钠（1 120g/m^2）施入集水面，可使集水率由55%提高到80%，另一田间试验的集水率由19%提高到73%，效果十分明显。赵克昌（1992）等用沥青处理集水面，集水率第一年可达80.9%，但沥青易老化破裂，第二年的集流率只有28%。王斌瑞（1996）和王斌瑞等（1997）用YJG-1处理集水面，使径流系数达到80%~88%，在平均雨强5.1mm/h的情况下，降水20s后即有径流产生，平均径流量为自然坡面的45倍，但有机硅膜容易受到氧化、动物践踏和植物穿透的破坏。对集水区地表进行石果衣（这种地衣紧密贴生于土壤表面，耐干旱，在合适的温度、湿度条件下可以进行营养繁殖）处理，将繁殖好的地衣营养碎片，喷洒在集水面上，利用夏季的有利条件，经过1~2年即可形成地衣保护层（贵军，2008）。石果衣的集水效果虽然不如化学材料，但它是一种纯生物材料，又具有极好的水土保持效果，对促进全林地生态环境的改善具有积极的作用。

由此可以看出，提高集水率的可控途径很多，特别是化学措施发展很快，但仍不完善。因此，根据不同地区生物气候、土壤、地貌和社会经济状况特点，研究开发在经济上合理、技术上可行、便于推广应用的集水面处理材料与处理方法，特别是利用自然坡面集水的可行性技术仍是目前的首要问题。

10.4.1.2 集水面处理材料的环境影响及经济评价

随着市场经济的健全和人类环境意识的增强，集水面处理材料的经济性能和环境影响也进入了集水技术研究的范畴。Frasier（1987）对钠盐处理集水面的各项费用（材料费、整地费、施工费、保养维护费等）运用动态分析法进行了计算，结果为年均费用0.03~0.22美元/m^2；在年降水量500mm地区的集水成本为0.08~0.59美元/1 000L，与该国70年代的集水成本0.06~1.73美元/1 000L相比大为降低。同时，作者对钠盐处理的环境影响做了分析，盐处理后除了Na^+的含量高以外，对水质没有影响，而且处理后形成的保护层使土壤侵蚀不再成为问题。王斌瑞等（1997）对有机硅处理区的水质进行了分析，结果表明，处理区水质明显优于未处理区。他还对压实拍光和喷涂YJG-1两种处理方法的投资成本进行了比较，在造林密度1 665株/hm²情况下，拍光处理一次性投资672.0元/hm²，而有机硅处理为2 000元/hm²。由此可以看出，有机硅处理的一次性投入较高，仍是制约该技术大面积应用的一个因素。

10.4.1.3 微集水区的形状和面积

目前，世界各国所采用的集水区形状主要有"V"字形、菱形、长方形、道路形、双坡式矩形、漏斗形等（杜欣泽，2009），前3种主要用于坡度较大的坡面，后3种主要用于地形平缓的梁峁、平地。美国多采用"V"字形集水区，但甘肃省干旱造林中心研究认为，"V"字形易引起集水面冲刷，而且在降水量不足300mm的干旱地区产流较少（涂璟等，2003）。微集水区面积与树种需水量呈正相关，与降水量、产流率、造林密度呈负相关。因此，要确定一个最适宜的集水区面积并不是一件容易的事情。王斌瑞等（1996）、吴淑芳等（2007）通过土壤水分亏缺量、植树带的面积、径流系数和有效降水量来计算集水区的面积，用气候学的方法计算集水区的面积，对于缺乏林木蒸散资料的地区不失为一种良好的方法。但是，采用不同的估计方法其结果差别很大，而且不同树种的耗水特性不同，同一树种在不同地区的耗水特性也有明显的差异。所以，为了充分利用降水资源，发挥土地生产潜力，还需要进行大量的基础研究工作。

10.4.2 贮水保墒技术

10.4.2.1 径流拦蓄技术

通过集水措施汇集的径流，只有通过蓄水设施贮存起来才能变为可利用的水资源。农业上常采用旱井、水窖等蓄水工程贮存径流水，而林业上目前最经济、最常用的方法是通过整地工程直接将径流拦蓄在以林木根区为中心的土体中（杜欣泽，2009）。但是，不同的造林整地方法，其蓄水容积和改善土壤物理性质的作用不同，拦蓄径流的能力差异很大。蓄水工程的断面形式在山坡地一般有反坡梯田、水平沟、鱼鳞坑等形式，在平缓地有穴状、条带状等形式，在修筑时要考虑本地区可能暴雨量、暴雨强度及所产生的最大径流量，同时还要考虑幼林无覆盖时地表土壤侵蚀造成每年可能的蓄水容积损失量（贵军，2008）。王进鑫等（1992）对不同集流整地工程的蓄水能力进行了研究，相同的设计标准不同的整地方法中，以反坡梯田的蓄水保墒能力最强。张凡（2019）研究了5种（裸坡、秸秆、截流沟、聚流坑、使用天然沸石改良土壤）微地形改造径流调控措施（通过改变边坡表面的微地形，达到坡面径流的再分配效果，进而增强坡面蓄流能力，有利于实现对降水资源的充分利用和减缓水土流失）对坡面蓄流能力的影响，认为相比于裸坡，其余4种微地形改造措施都能增强坡面的蓄流能力，但是随着雨水强度的增大，聚流坑和截流沟的蓄流效果由优于秸秆变为弱于秸秆，沸石改良坡面的蓄流效果最好。目前，国内外关于增强林地土壤蓄水能力的研究，主要集中在以下 3 个方面。

（1）通过深整地、爆破松土等物理机械方法改善土壤水分物理性质，增强土壤蓄水能力（涂璟等，2003；吴淑芳等，2007）。深整地是较为成熟的方法，在改良土壤蓄水能力方面研究成果较多；爆破松土是近几年提出的新方法，它可使土壤的田间持水量提高 20.6%，毛管持水量提高 17.9%，饱和持水量提高 19.3%。此外，近年来在果树研究中通过草把导水等措施以提高水分下渗速度和增强深层蓄水，对径流林业很有借鉴意义。

（2）应用土壤结构改良剂、保水剂等高分子化合物，增强土壤蓄水能力。这类产品可分为淀粉类、纤维类和合成树脂 3 种类型，70 年代中期美国农业部首先将保水剂应用于农林和园艺部门，80 年代许多国家对其进行了改进研究，主要产品有英国的塑料沙、法国的水合土、美国的土壤水、比利时的哈莫菲纳（HA）乳剂和聚丙酰胺等（涂璟等，2003；吴淑芳等，2007）。目前，这类产品的开发应用非常活跃。

（3）增施有机肥改良土壤结构，以肥调水（涂璟等，2003；吴淑芳等，2007）。以肥调水理论在旱区农作物和果树栽培中广为应用（杜欣泽，2009），但林业上此类研究、应用很少。王斌瑞等（1997）在径流林业研究中，对经济树种通过施用厩肥、锯末等改善土壤蓄水能力，取得了良好的效果。吴清林（2020）探讨了石漠化地区农艺节水和工程节水策略，认为秸秆覆盖增加了土壤表层肥力，以肥调水的机制增加了表层土壤含水量。因此，可在旱区用材林和经济林集水造林中推广应用以肥调水。

10.4.2.2　抑制蓄水区土壤蒸发技术

旱区地表土壤蒸发造成的水分无效消耗占总耗水量的 25%~50%（杨海军等，1993），甚至更高。传统的松土保墒作为一种幼林抚育措施一度列入造林技术规程，但林地松土与争劳矛盾突出，往往难以贯彻落实。近年来，各种可用于土壤保墒的新材料大量涌现，如地膜、泡沫塑料、草纤维膜以及保水剂（吴淑芳等，2007）。王斌瑞（1996）等，分别对保水剂、不同覆盖材料的保墒效果进行了研究。然而，由于径流林业的特殊性，既要求蓄水区的径流快速入渗，又要求尽量减少土壤水分的蒸发，因此对保墒材料的要求较高。王进鑫等（1992）的试验表明，保水的效果依次为农膜>泡沫塑料>植物秸秆，但农膜覆盖区径流水下渗很慢，降水强度很大的降水会使蓄水工程冲毁，影响集水效果。山西省农业科学院开发研制出了具有渗水、保水、微透气等功能的单向渗水地膜，天然降水可以 0.2~0.7m/min 的速度渗入膜下，保水率可达 90%，对干旱、半干旱地区频率较高的 10mm 以下单场降水截获效果尤为明显。研究表明，单向渗水地膜径流林业理想的抑制蒸发覆盖材料，但对径流水的渗透能力尚需进一步改善。

10.4.3　林木节水理论与技术研究

Lange（1976）、Seiler（1988）、Davies（1975）和 Hiller（1982）认为，生物圈内的陆地，只有当植物的省水结构发育成之后才有可能被最终占领。选择和培育耐旱性强的省水树种、利用森林树木对干旱的自调节功能和人工调控相结合的节水应用技术研究，一直是旱区林业研究的主攻目标之一。Seiler（1988）、裴保华（1994）等对树种的耐旱性分类排序、耐旱性指标筛选和耐旱性树种培育等问题进行了研究，余新晓（1995）指出了调节林分密度以维持人工林水量平衡的重要性，Davies（1975）等应用聚硅铜涂膜法、十六醇叶面喷施与土壤追施、石蜡产品 Ceremnle 等抗蒸腾剂的试用效果进行了研究，中国科学院对 C18-22 脂肪醇氧化乙烯醚等在苹果上的应用效果进行了研究。部分研究结果表明，施用抗蒸腾剂可提高造林成活率、减少水分蒸腾，但对光合作用影响较大。Hiller（1982）指出："利用所谓'抗蒸腾剂'化学喷雾的尝试一般都已失败，最有希望的是提高水分利用率措施，它似乎在于缓和任何水分缺乏和避免水分浪费而让植物自由蒸腾"。显然，对这一问题的阐明尚需进一步的试验研究。胡新生等（1998）对以渗透调节为主的耐旱转基因植株的培育进行总结，认为至少从目前看来，其前景不容持过分乐观的态度。因此，加强对主要造林树种需水特性、耐旱能力的研究，选择和培育耐旱树种、调控造林密度与林分结构，仍然是今后一个时期林木节水应用技术研究的重点。

综上所述，有关森林生态系统水分运移的研究确实做了大量的工作，一些研究已经处于世界前沿。但与国外，甚至国内农业、水利等部门的研究水平差距很大。从研究内容来看，单项的基础理论研究较多，主要集中在水分胁迫生理、抗旱品种选育、耐旱性指标的筛选等方面；综合性的研究很少，尤其是植物不同生长发育阶段对水分胁迫的敏感性及其与生产力的关系、耗水量及水分利用效率等问题。从研究对象来看，天然林居多，人工林较少。实际上，旱区人工林生态系统水分运移调控是一项系统工程，任何单一措施的应用很难达到预期效果。因此，只有在对现有成果进行综合分析的基础上，运用系统分析的方法，对影响系统结构与功能的关键问题加以研究，通过系统优化进行组装配套，使"开源与节流"并举，才能形成具有地域特色的集水节水林业模式。

10.5 径流林业研究的发展趋势

世界干旱、半干旱地区降水少、植被覆盖度低，加之多数降水常以暴雨形式出现，加剧了水土流失和土地沙化，不仅导致本地区环境进一步恶化，而且造成江河淤积，给下游人民的生命财产带来巨大的隐患。环境问题的出现和可持续发展战略的确立，为世界旱区径流林业的发展注入了新的活力，但目前的研究和应用与集流林业的目标相距甚远，未来的研究应注重以下 5 个方面（涂璟等，2003；吴淑芳等，2007）。

10.5.1 新材料的开发仍是未来研究的主攻方向之一

干旱和半干旱地区面积大、人口密度小、经济相对落后，而径流林业所需的材料种类多、用量大，故除了集水、保水效果外，成本、投劳和施工的难易程度也是新材料开发中应考虑的关键因素。目前所开发的各种材料，特别是集水面处理材料，虽然有较高的集水效率，但均不同程度地存在成本高、投劳多、寿命短、维护保养难等问题。因此，积极开发物美价廉的各种新材料仍是当务之急。

10.5.2 径流林业的环境效应问题也将受到重视

环境问题具有滞后性、加和性的特点，一般在短时间内难以被人们发现。径流林业目前虽然还很不完善，但已有近 30 年的历程，其环境效应问题，如集水区下层土壤是否出现干旱、沙化，各种防渗、保水材料在外界环境的长期作用下有无土壤、水源污染，对植物生长发育有无不良影响或毒害作用等，到了应该研究总结的时候。

10.5.3 径流林业多目标动态评价与优化模式将逐步深化

不同社会、自然和经济条件下，经营理念和传统差别很大。因此，从可持续发展和系统论观点出发，对径流林业各项措施在不同地区的经济合理性、技术合理性和适应性等方面进行动态评价与优化研究，为不同地区提供多种可供选择的方案，不仅有利于径流林业的发展，而且更能促进措施的维护和保养。

10.5.4 坡地森林土壤动力水文学研究将成为热点

土壤动力水文学（土壤水的性质、分布、运动、循环、植物水分吸收与消耗、水分平衡等各种水文过程的机制与动力学特性）的研究尚处于起步阶段。森林土壤由于坡度的介入，其水分动力学与农田土壤相比具有明显不同的特点，除土壤水分是三维的复杂体系外，坡度与径流、坡度与入渗、侧渗与土壤水分补给的关系也必须进一步研究。同时，SPAC 水分运移理论及其应用研究也将全面展开。目前，农业上在这一方面的研究已经相当深入，建立的水分运移动态仿真模型能对不同质地、结构、不同天气条件和不同冠层结构时的 SPAC 水分传输进行模拟，可预测土壤含水量的时空分布、作物蒸腾、株间蒸发、根系吸水及叶水势的变化，为农田灌溉提供了依据。在林业上，国外在 20 世纪七八十年代曾做了一些基础性的研究，但国内刚刚起步，仍有大量的基础性研究尚待开展，不同树种的耗水特性是径流林业设计的关键因子，必须进行系统研究。

10.5.5 耐旱树种的选育技术将进入攻坚阶段

世界旱区的乡土树种大多具有一定的抗旱性，历来被作为首选造林材料，导致树种过于单一、病虫害蔓延、生物多样性下降。因此，应适当扩大耐旱树种的研究范围、掌握树木不同生长发育阶段对水分胁迫的敏感性，以便选择更多的水分胁迫反应敏感期正好与旱区水分条件相耦合的树种；同时，利用生物工程技术培育耐旱性树种。国外在烟草上已经成功地获得某些耐旱转基因植株，其生长量与野生植株比较有显著的提高。Farshadfar（1993）应用染色体置换找到了与某些抗旱性指标相关的位点。因此，寻找耐旱的标记基因，用基因工程方法培育耐旱性树种，将是林木节水技术研究的重点之一。

10.6 径流林业的案例教学

10.6.1 案例材料的选取

干旱导致土地荒漠化，常见的荒漠类型有沙漠、戈壁、盐漠和石漠。植被可以增加降水、固结土壤、降低风蚀动力，是荒漠化治理的首要措施。在这些地区，干旱缺水影响植被恢复效果，因此兴起了抗旱节水造林研究。石漠化是指碳酸盐岩地区岩溶作用过程与人类不合理经济活动相互作用而造成的植被破坏、岩石裸露，具有类似荒漠景观的土地退化过程（曹建华等，2008）。我国石漠化主要发生在广西、云南、贵州等西南岩溶地区，云南地处我国西南石漠化中心地区，是我国岩溶分布最广的省区之一，是西南岩溶石山地区石漠化面积第二大省份，20世纪90年代后期，由于人类经营活动加强和气候变化影响，水土流失和植被退化加重（张中峰等，2018；蒋忠诚等，2016；张云等，2010）。石漠化治理的关键是植被恢复，过去十几年，国家多个部门和地方政府在西南石漠化地区进行了石漠化综合整治工程，但对石漠化造林成活率、保存率及林木生长极少关注，以致于不少地方出现年年造林不见林的状况（蒋忠诚等，2011；陈洪松等，2017；周晓果等，2017）。因此，提高石漠化地区造林成活率和苗木生长，对加快石漠化植被恢复和提高石漠化生态治理成效具有重要意义。但是石漠化地区特殊的立地条件（土壤表层干旱缺水、土壤浅薄贫瘠、岩石裸露、地形破碎），使得该区域的植被恢复困难重重，从而成为我国西南地区典型的造林困难地段。

由于山体对暖湿气流的抬升，空气中水汽迅速达到饱和而致雨，在山体迎风面形成多雨区；气流越过山体沿坡面下降，气流中所含水汽的相对量越来越小，形成干热气流，这就是山体的焚风效应。云南高原东南倾斜，承受太平洋暖湿气流影响，由于高原面上多深切河谷，特别是金沙江河谷地带，山体背风坡及其下部形成了威胁农林生产的干热型气候。高气温和高蒸发量，往往使土壤含水率降至极低水平，使造林难以成活，或成活后由于株间对水分的激烈竞争而过度自然稀疏，形成稀树草原，生产力低下，防护效益极弱，植被恢复困难，土壤侵蚀自然加剧（张立恭，1997）。因此，干热河谷地区也为我国西南地区典型的造林困难地段。

石漠化地区和干热河谷地区植被恢复困难的共同主因之一是土壤干旱。张立恭（1997）认为通过整地和防渗处理，人工引起并拦蓄地表径流，改善林木生长的土壤水分条件，可促进林木在干热河谷地区的正常生长，进而提出在干热河谷地区发展径流林业是适宜的。云南石漠化地区造林和干热河谷地区造林的主要技术措施有以下3个方面。

（1）整地工程方面。整地造林工作中不可炼山，如果地块具有较多植被，可进行带状整地,原生植被应合理保留。通常适宜的造林整地方式,主要有反坡梯田、水平沟、水平阶、燕翅形、鱼鳞坑、穴状等形式(图10-1),一般根据坡度、坡面形状和树种确定不同的整地方式。小于5°的坡面,采用块状方式整地,坑深0.8m、坑径1.0m,每个集流坑的土方量为2.6m³;坡度5°~15°的坡面采用长方形漏斗式蓄积坑整地方式,外边长4.0m、宽2.0m、顶宽0.3m,边坡向内倾斜呈漏斗形,使坑内产生的径流集蓄到坑中心,坑深0.5m、每个集流坑的土方量为1.33m³;坡度15°~30°的坡面采用水平阶整地方式,水平阶整地以软埂为主,埂间距3~5m,阶面宽为1~2m,软埂高20cm以上,水平阶每隔5m设一横档,埂宽0.5m,阶面深翻;坡度大于30°的荒山荒坡及地形破碎坡面,采用燕尾式鱼鳞坑方式整地,规格为长1.0m、宽0.8m、深0.3m、间距3m、行间距4m,呈"品"字形排列,燕尾(引水沟)长1.0m、深0.3m。穴状整地,规格为0.5m×0.5m×0.5m,在5月底前完成整地(毕文霞,2020)。整地时可回填客土,施足底肥(太佩荣,2021)。应充分发挥集水窖(图10-2)的作用,保证水资源的充分利用(太佩荣,2021)。

a. 鱼鳞坑整地　　　　　　　b. 燕翅形整地　　　　　　　c. 水平梯田整地

图10-1　通过整地集流以加大水分输入

(2)树种选择和苗木选择方面。岩溶区石漠化山地具有土壤少、贮水能力低、岩层漏水性强等特点,因此极易引起缺水干旱,按照立地条件及植物的生物学生态学特性,造林应该选择耐旱、抗土壤侵蚀能力强、根系发达、生长速度快、耐贫瘠、喜钙的树种,且最好是当地的乡土树种,如旱冬瓜、红叶石楠、滇朴(*Celtis kunmingensis*)、清香木、藏柏(*Cupressus torulosa*)、云南松、华山松、降香黄檀、台湾相思(*Acacia confusa*)、马占相思(*Acacia mangium*)、大叶相思(*Acacia auriculiformis*)等抗旱性强、根系发达或具固氮效应的树种;石灰岩溶山地造林自然条件差,苗木质量要求高,可选择苗龄1~2年,地径0.5~0.8cm,苗高40~60cm,在露天苗圃充分木质化的壮苗(毕文霞,2020;马文志,2020)。

(3)造林方法和造林时间方面。播种造林时,可以采用喷播造林,即将种子与保水剂混合后进行喷播;植苗造林时,尽可能采用"见缝插针"的种植方式,如果苗木较大,可

a. 山地蓄水系统

b. 山地集水系统

c. 集水板和蓄水器

d. 调节区

e. 灌溉区

图 10-2 通过工程措施对径流进行蓄积保存和时空调控

以运用截干栽植，常绿阔叶苗木要合理地疏叶疏枝，避免蒸腾作用导致苗木失水，裸根苗进行蘸泥浆处理，避免苗木在运输时出现失水（图 10-3）。苗木栽植严格按照"三埋两踩一提苗"的技术要求操作，要做到苗正、根舒、适当深栽、根土充分接触、分层压实，适当加深栽植深度，以利于苗木抗旱能力不断提升，并采用保水剂、覆膜及生根粉等辅助手段，减少水分蒸发，促进苗木根系发育。应结合造林地的实际情况，合理控制种植密度，一般 900~1 050 株 /hm^2（康小虎等，2020）。造林时间可在春季 2~3 月（阴雨天气），但最好在雨季（6~7 月），雨季土壤会充分吸收水分，便于苗木充分恢复根系生长，确保苗木水分和养分的吸收自给能力，提高苗木的存活率（毕文霞，2020）。定植或开展抚育工作之后的苗木，要在苗木四周覆盖枯枝杂草，也可以覆盖薄膜或生态垫（图 10-4），控制水分大量蒸发，保证造林成活率。

a. 截干造林　　　　　　　　　b. 埋条造林　　　　　　　　　c. 喷播造林

图10-3　通过创新造林技术以提高水分利用效率

a. 冬穿棉袄　　　　　　　　　b. 夏季穿纱　　　　　　　　　c. 生态垫的应用

图10-4　通过减少无效蒸散以提高水分利用效率

10.6.2　案例的课堂设计

第一，明确本案例教学的学习目标：①掌握径流林业的概念、径流林业的主攻方向（水）及应用范围（干旱、半干旱地区以及湿润水分补偿亏缺区的林业发展）、径流林业依据的理论基础（水量平衡原理和SPAC水分运移理论）、径流林业研究的核心内容与特点（高效集水相关技术、贮水保墒相关技术、生物节水相关技术），认知径流林业发展的总体目标（水分利用的高效性、环境的无公害性、技术的可行性、经济的合理性），了解径流林业的应用。②学会综合运用森林培育学中的森林立地、树种选择、造林整地、播种造林、植苗造林、林分结构控制、幼林抚育管理等的理论和技术，结合径流林业高效集水相关技术、贮水保墒相关技术和生物节水相关技术的研究，在全面认知径流林业理论与技术的基础上，更好地开展干旱、半干旱地区以及湿润水分补偿亏缺区的植被恢复工作，在提高造林成活率，保障人工林的稳定和可持续发展的同时，改善生态地位重要地段的环境条件。总的学习目标可以分解为以下3个具体目标：①通过教师课堂讲授的理论知识，学生掌握径流林业的概念、径流林业的主攻方向和应用范围、径流林业的理论依据、径流林业的特点和总体目标。②通过课堂讨论交流，学生了解自己身边常见干旱、半干旱地区以及湿润水分补偿亏缺区的立地条件特点及其植被恢复的困难性。③掌握干旱、半干旱地区以及湿润水分补偿亏缺区人工林培育中集水技术（物理措施、化学措施和生物措施）、贮水保墒技术（适宜整地方法的选择及其技术要求等径流拦蓄技术、土壤保墒材料覆盖等抑制蓄水区土壤蒸发技术）、林木节水理论与技术（耐旱性树种选育）、树种选择（乡土树种为主）、林分结构的调控（造林密度、种植点配置）、幼林抚育管理（松土除草、合理科学灌溉、施肥）等主要培育流程的方法和技术，掌握我国或本地区重要的、典型的干旱、半干旱地区以及湿润水分补偿亏缺区人工林培育的关键技术。

第二，设计引发讨论的问题如下（按问题提出的顺序列出）：①大家知道或见过哪些造林困难地段呢？这些地段造林困难的原因是什么呢？干旱、半干旱地区在我国主要分布在哪里？且这些区域的立地条件有什么典型特点？我国的湿润水分补偿亏缺区主要包括哪些典型类型？且这些典型类型的立地条件各有什么主要特点？我国干旱、半干旱地区以及湿润水分补偿亏缺区的植被生长状况如何呢？这几个问题交流讨论之后，学生会对身边的干旱、半干旱地区或湿润水分补偿亏缺区的特点及其植被生长状况有了一定的了解和认识。②通过刚才大家看到的我国或本地区重要的、典型的干旱、半干旱地区或湿润水分补偿亏缺区通过整地集流以加大水分输入、通过工程措施对径流进行蓄积保存和时空调控、通过创新造林技术以提高水分利用效率以及通过减少无效蒸散以提高水分利用效率的径流林业研究的相关图片，结合前面大家对身边的干旱、半干旱地区或湿润水分补偿亏缺区的特点及其植被生长状况的讨论，请大家总结一下，典型干旱、半干旱地区或湿润水分补偿亏缺区径流林业研究中的主要理论、常用方法和关键技术。这个问题交流讨论之后，学生会对径流林业的主攻方向、主要方法、关键技术和研究现状有了一个较全面的认识。期间若学生交流分析不全面，则教师进行补充讲解。③大家回顾一下以前我们在"森林培育学"中所学的森林立地、树种选择、造林整地、播种造林、植苗造林、林分结构控制、幼林抚育管理等的理论和技术，结合我们刚刚讨论的径流林业研究中的主要理论、常用方法和关键技术，来分析如何快速实现干旱、半干旱地区以及湿润水分补偿亏缺区的植被恢复以及人工林的长期良性发展和可持续经营？这些重要生态位立地人工林的营造和管理应考虑的主要环节和关键技术？这两个问题交流讨论之后，学生会对干旱、半干旱地区以及湿润水分补偿亏缺区径流林业应用的方法和技术体系有清晰的、完整的认知，明白要实现这些区域的植被恢复的目标应该怎么做。期间若学生交流分析不全面，则教师进行补充讲解。

第三，设计开场，该案例教学采用直接向学生抛出问题的开场方式。

第四，板书规划，依据引发讨论的主要问题数目，将黑板分成3个区域，每个区域书写相应的讨论题目，题目下方记录学生回答的要点或关键词。

10.6.3 案例教学的组织实施

本部分案例教学的组织实施参见 2.5.3。

10.6.4　教学效果分析评价

本部分教学效果分析评价的思路、原则和调查表参见 2.5.4。

10.7　小结

本章以径流林业专题为教学内容，通过干旱问题、径流林业的概念、径流林业的研究历史、径流林业的主攻方向及应用范围、径流林业依据的理论基础、径流林业研究的核心内容与特点（高效集水相关技术、贮水保墒相关技术、生物节水相关技术）以及径流林业发展的总体目标的课堂讲授，结合径流林业案例教学（适宜案例材料的选取、详细的案例课堂设计、有序的案例教学组织实施和科学的案例教学效果分析评价）的课堂交流讨论，使学生在深入理解理论知识的基础上，熟练掌握干旱、半干旱地区以及湿润水分补偿亏缺区植被恢复的方法和技术体系，将理性认知和感性认知相结合，构建系统的以干旱为主因的困难地段人工造林知识体系，在提高造林成活率，保障人工林的稳定和可持续发展的同时，改善生态地位重要地段的环境条件，解决干旱、半干旱地区以及湿润水分补偿亏缺区植被恢复的难题，提高学生分析和解决问题的能力，提升学生的专业能力和职业能力。

第 11 章

近自然林业专题

11.1 近自然林业产生的背景

长期以来,森林经营存在人工林经营和天然林经营两个极端。人工林经营时,将人类的经营理念强加于人工林,试图达到人类所需的经营目标,但最终事与愿违,导致了人工林问题。天然林经营时,依靠自然规律和自然力驱动森林的发展,不施加人为措施,结果也是事与愿违,如多代萌生林。为了改变这一被动局面,世界上出现了两种典型的经营模式,即多效经营和主导功能利用。多效经营以德国、奥地利为代表,利用自然规律和自然力驱动森林发展,施加适当的人为措施,从而发挥森林的多重效益,如在德国云杉林中引进珍贵阔叶树种,并利用自然力和自然更新,使其逐步过渡到复层、异龄混交林,天人合一地经营森林。主导功能利用以新西兰、中国为代表,将森林划分为商品林和公益林,商品林以生产商品为目标,公益林以发挥生态效益为目标,在商品林中,主要利用人力经营森林。

我国森林分类经营,采用三级分类。第一级分类是将森林分为商品林和公益林。第二级分类是将商品林分为用材林、薪炭林和经济林,将公益林分为防护林和特种用途林。第三级分类是将用材林分为一般用材林和工业纤维林,将经济林分为果品林、油料林和化工原料林,将防护林分为水土保持林、水源涵养林、农田牧场防护林、护路(岸)林和防火林,将特种用途林分为科教实验林、自然保护林、种质资源林、文化纪念林、游憩景观林、环境保护林和国防林(林进,1999)。

我们可以从纯林问题(连栽效应、第二代问题、人工林衰退)、经济因素(纯林问题导致经济上难以为继)、生态因素(对纯林生态上的认识误区)和经营理念的转变(从木材生产到生态优先)4个方面来分析近自然林业产生的背景。纯林问题主要有连栽效应引起的生产力下降(德国云杉、杉木、柚木)、地力衰退(养分失衡、循环受阻、土壤酸化、嗜肥性、自毒作用)、生物多样性锐减(桉树、核桃)、病虫蔓延(杨树、松树)、风害火灾(德国云杉、美国花旗松)和功能减弱(生产功能、防护功能、景观功能)。

经济因素方面主要体现在纯林问题导致经济上难以为继(周飞梅等,2020)。德国的后人谴责前人:"如果人工林在几十年内越来越厉害地遭受病虫危害,而我们必须花费更多的工作、时间和金钱去与之作斗争的话,那么找出的原因是20世纪把天然生长的森林全部改变成人工的、生物贫乏(单一树种)的森林。破坏了对生命来说极为重要的防御力量,这样就为昆虫的过度繁衍打开了道路。"同时,"尽管森林的覆盖率很高,期望的森林效果只能是没有什么意义或者根本达不到"。从世界范围看,人工林的经济问题至20世纪末已经非常突出。据不完全统计,单是松树枯梢病已在30多个国家泛滥。同时,针叶树人工纯林风灾、火灾严重。因此,对森林保护和拯救投资的加大,使人工林在经济上难以为继。

生态因素方面主要体现在对纯林建设的认识误区。森林是生物与环境协同进化的统一体（天人合一），它们之间相互联系、相互作用。因此，森林中不能只有树木，就像动物界不能只有人一样。人工林多属纯林，生物多样性丧失导致了一系列生态问题（前人栽树不当、后人受害）（金春生等，2015）。这是自然立地环境对人工林的排斥反应，就像人类移植器官的排异现象一样。人工速生丰产林建设，实际上是违背自然辩证法的行为。其一，"速生"并不一定意味着"丰产"；其二，速生必然速死（周海明，2014）。因此，速生丰产最终必将成为泡影。德国 200 年的林业史让人们看到了速生集约人工林的命运（王艳军等，2020）：病虫害（风害、火灾）——抢救伐——劣质材——木材跌价。一损俱损，从欧洲到其他地区，凡学速生集约模式造林的没有一个能逃过厄运，尤其是引进国外树种恶果更为严重。对于人工生态林认识上也存在误区，似乎只要有了森林就是生态林、凡森林都有保护生态作用。从根本上讲，生态林是这样一种森林，即它们是处于自然进展演替中的森林。因此，符合演替规律的造林可以促进生态恢复，而违背演替规律的造林则会加速破坏生态，这是一柄双刃剑。另外，即使生态林也具有生产功能，可同时提供生态防护和木材生产。

经营理念的转变是指从前期的木材生产理念转为后期的生态优先理念。森林永续利用是指森林经营管理应该使森林采伐生产作业和木材收获持续不断，以便世世代代从森林中得到的好处得以继续，这种森林经营理念已经突破了盲目开发森林资源的误区，但永续利用的目的仍然是追求最高木材产量的持续性和稳定性。1826 年，德国森林经济学家 J.C. 洪德斯哈根（J Christian Hurdeshagen）提出了法正林学说（郭诗宇等，2020），其主要适用于高集约经营的用材林（曾伟生，2009），法正林要求在一个作业级内，每一林分都符合标准林分要求，要有最高的木材生长量，同时不同年龄的林分应占相等的面积并按一定的顺序排列，要求永远不断地从森林中获取等量的木材。森林永续利用与法正林学说主要考虑到的是森林蓄积量的永续利用，以木材经营为中心，忽视了森林的其他功能和环境经营。

20 世纪 60 年代以后，德国开始推行"森林多功能理论"（汪清锐，2018），这一理论逐渐被美国、瑞典、奥地利、日本、印度等许多国家接受推行。这一理论的提出，标志着"森林经营思想由生产木材为主的传统森林经营走向经济、生态、社会多效益利用的现代林业阶段"（方纯荣等，2018）。森林的多功能理论强调通过多目标经营，形成合理的森林资源结构和林业经济结构，最大限度地利用森林的多种功能造福于人类。20 世纪六七十年代，中欧国家鉴于人工林（尤其是纯林）频繁的自然灾害，纷纷开展"接近自然的林业"试验，并取得初步结果。20 世纪 80 年代，由于人工林出现了大面积衰退现象，于是在中欧掀起一场"接近自然的林业"理论讨论的热潮，并引起人们的普遍关注。随后，召开了多次国际会议,并成立了"欧洲接近自然的林业工作联盟",目的在于推动"接近自然的林业"方针的贯彻执行,实现森林多功能的可持续经营(郭诗宇等,2020)。新林业理论的主要特点是把所有森林资源视为一个不可分割的整体,不但强调木材生产,而且极为重视森林生态效益和社会效益。因此,在林业生产实践中,主张把生产和保护融为一体,既要真正满足社会对木材等林产品的要求,又要保持和改善林分及景观的多样性。这一理论解决了传统林业生产和纯粹自然保护主义者之间的矛盾,促进森林经营者和环境保护者携手合作。

近30年,欧洲多次发生大面积的人工林灾害和死亡,以致自然保护工作者把林业当作破坏自然的人为活动来看待,这使旧的传统林业观念陷于被动状态。因此,林业需要一个新的定位,近自然林业理论便呼之而出。随着人们对森林多功能的认识和需求,逐渐放弃了单一经营木材的理念,如何持续发挥森林的多种服务功能成为当务之急。为此,提出了近自然林业、生态系统经营等理论,其中以近自然林业发展最快。纵观世界森林经营发展的过程,从盲目经营森林到永续利用及法正林,实现了林业史上的第一次革命,但其中仍以木材生产为核心;从木材的永续利用到森林多功能的持续利用,实现了林业史上的第二次革命,强调了森林多种服务功能的发挥。顺应森林经营理念的转变,近自然林业应运而生。

德国慕尼黑大学林学教授盖耶尔在1880年出版的《森林培育学》中,首次提出了近自然林业的理念,他指出生产的奥秘在于一切在森林内起作用的力量的和谐,森林生态的多样性是一个在永恒的组合中互栖共生的诸生命因子的必然结果。随着很多林学家、基层林场、林业企业和私有林业主对近自然林业的进一步探讨和实践,于1920年由德国近自然林业学派提出完整的近自然森林经营理论和技术体系(梅立新,2019;郭诗宇等,2020;朱国荣,2018)。

11.2 近自然林业的理论核心

所谓"接近自然的林业"正如德国科学家勃洛克和马耶的论述,它并不是回归到天然森林类型,而是尽可能使林分建立、抚育、采伐的方式同潜在的天然森林植被的自然关系相接近,要使林分能够接近自然的自发生产,达到森林生物群落的动态平衡,并在人工辅助下使天然物质得到复苏(蔡年辉等,2008)。具体来说,"接近自然的林业"要求充分利用森林生物共栖生态规律和森林植被演替规律,放弃皆伐而改用择伐,推行天然更新并保持合理的密度(陈远台等,2013),使同龄纯林逐步过渡为接近天然的复层异龄混交林,并使其在组成、结构、功能和生态学过程尽量接近天然的混交林(邓树剑等,2017;蔡年辉等,2008)。

森林是生物与环境协同进化形成的统一体,具有内在的自然属性。符合自然规律的人工造林能促进生态恢复，违背自然规律的人工造林可加速生态退化。因此，在森林经营过程中要充分尊重、利用自然规律和自然力（周飞梅等，2020）。森林还具有一定的人为属性，因此在森林经营过程中可施加适当的措施使其朝着人类需要的方向发展。只要人为干扰不超过其忍耐范围，森林生态系统会恢复其结构和功能；如果人为干扰超过其忍耐范围，森林生态系统的结构和功能将受到破坏甚至不可逆转。森林具有多种服务功能，只有健康的森林才能使其多种功能得到持续发挥。要使森林健康的发展，必须在利用自然规律和自然力的同时，辅之以适当的人为措施。

11.3 近自然林业的实践

国外近自然林业的实践，其基本观点为强调经济与生态并重（多效经营）；充分利用自然力（如天然更新和演替规律）；放弃皆伐，采用择伐（单株和群状）；珍惜立地生产力（减少人为干扰，反对全树利用）；强调适地适树，树种混交复层结构；反对仿效农业程序经营森林（播种—收获—播种）；保护生物多样性（永久保留一些站杆/倒木/大树）；保持适宜的林冠郁闭度（0.6~0.7）。国外近自然林业实践的实施要点有单株利用，培育优质大径级材；作业时，不能伤害保留的大树和天然更新的小树；采伐受害的林木，注重天然更新；注意树种搭配，引进珍贵阔叶树种；采伐量与蓄积量平衡（钟少伟等，2014）。例如，德国云杉林内引入欧洲山毛榉，并将其培育成优质大径级材，以提供优质贴面板材料；不但注重欧洲山毛榉的伐前更新，而且伐后继续依靠林窗进行更新；利用防护网罩和索道集材保护更新幼树及保留木；修建林内道路注意保护林木和植被；为野生动物修建廊道和水源，为鸟类保留一定的站杆和倒木。国外近自然林业实践给我们的启示主要有该采伐的还是要采伐；利用次级优势木，待更新完成后再利用优良木，使林分越采越好，这种方式不同于"拔大毛"式采伐。

恒续林（CCF）经营效果卓著，在德国真正实现了"越采越多，越采越好，青山常在，永续利用"的经营思想。每年每公顷的生长量为 5.3m^3，每年每公顷采伐 3.7m^3，年均采伐量仅为年生长量的 70%，几乎还可以再增加采伐量一半，也不会损伤持续调整。除了木材的持续利用，地面也持续地处于林冠覆盖之下。恒续林经营的基本思想为森林的所有成分（包括乔木、鸟类、哺乳动物、昆虫、蚯蚓、微生物）都处于均衡状态；这种森林具有异龄混交的特点，为培育这种森林，主要应进行小强度择伐；将采伐剩余物铺存于林地，禁止在林下收集枯枝落叶；为提高林地肥力，禁止有害的副产利用，如割草、放牧；提倡在针叶纯林中引进阔叶树和栽植下木，以增加地力和恢复自然状态的森林。

恒续林的特点主要包括非皆伐作业（最好方式为单株采伐利用，林地无间断地在林冠覆被下并持续地有木材生产）；复层混交异龄林（森林发育无始无终，保持不确定的年龄状态；蓄积量水平是波动的，间伐与采伐不是截然可分的，评价林分的适宜变量是定期生长量）（白冬艳等，2013）；森林的生长无始无终，整个森林无龄级之分，也没有成熟龄、轮伐期的概念；强调充分利用自然力进行自然更新，但并不排除人工更新，如在皆伐迹地或无林地，要尽快营造森林有机体也只有靠人工更新。适合于进行恒续林经营的森林类型有天然更新能力强的树种（落叶松、橡树等）形成的森林；耐阴树种（冷杉、云杉、红松等）形成的森林；适于择伐天然更新的针阔混交林、常绿阔叶林及落叶阔叶混交林；适于择伐后人工造林的防护林；同龄人工纯林，需要转变为混交异龄林的森林。

国内近自然林业实践的技术途径主要有营造、改造和封育（邓树剑等，2017）。营造方面，人工营造近自然混交林，如南方的杉木与檫木混交、北方的杨树与沙棘混交；保育式造林法，稀植针叶树以利于阔叶树侵入，如杉木、红松的"栽针保阔法"（方纯荣等，2018；邓树剑等，2017；王树立等，2000；张鼎华等，2001）。改造方面，通过择伐（单株、团状、带状）并利用林窗天然更新、人工促进天然更新或人工更新，形成接近自然的混交林（罗刚，2013；陈远台等，2013），如东北的红松、东南的杉木、西南的云南松、西北的油松（林思祖等，2001；王少怀等，2000；束传林等，2007）。封育方面，干旱、半干旱地区，依照"封、飞、造结合，以封为主"的原则促进沙地植被恢复，已取得显著成效，近自然林区域植被的覆盖率从最早的约20%提升到近80%，并且土壤的含水率也有了较大提升，从最早的约6%提升到了近15%，同时增加了20多种植物，对于土壤的结构有了较大的改善（黄凤燕，2018）。国内近自然林业实践虽在人工林和天然次生林中都开展了一些工作，但其目前基本处于引进、吸收和消化阶段，重视技术层面的问题，基础研究薄弱且不系统，试验研究时间较短，效果问题需要继续监测和评价。

11.4 近自然林业的案例教学

11.4.1 案例材料的选取

云南松主要分布于我国西南地区，东至贵州西部的毕节、水城及广西西部百色地区；北达四川西南的大渡河、安宁河、雅砻江流域；西至西藏察隅及云南腾冲、龙陵一带；南抵滇中高原南缘，沿衰牢山东坡滇东南岩溶丘原的南部，其中以金沙江中游、南盘江下游最为密集。云南松是滇中高原的主要森林植被类型，面积达$500 \times 10^4 hm^2$，占全省森林总面积的52%；蓄积量约$3 \times 10^8 m^3$，占全省有林蓄积量的32%，商品材产量占全省的90%。云南松天然更新能力强，以纯林占绝对优势。由于云南松纯林的遗传衰退、调节能力衰退和生产力衰退，导致云南松纯林存在较严重的潜在危机。云南松纯林的遗传衰退主要体现在生产中常用商品种育苗、造林，遗传基础不良；3年内苗木生长缓慢、竞争能力很差，甚至出现丛生现象（地盘松），严重影响成林速度和林分质量；由于长期"拔大毛"式的采伐、近缘种的渐渗杂交等问题，导致云南松林遗传结构退化，林分中扭曲（扭松）、弯曲、低矮等不良个体的比例随着更新代数不断增加（图11-1）。云南松纯林的调节能力衰退主要体现在由于树种单一、物种多样性低而造成潜在的地力衰退以及群落稳定性下降（图11-2）。云南松纯林的生产力衰退主要体现在天然林密度过小、人工林密度过大，因此造成林地生产力及防护效能下降（图11-3）。云南松纯林潜在危机的解决思路为要恢复云南松林的调节能力和生产力，必须恢复其组成和结构，即将其改造为与立地相适应的混交林。

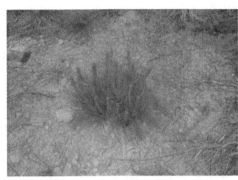 

a. 地盘松　　　　　　　　　　　　　　b. 扭松

图11-1　云南松纯林的遗传衰退

a. 松针如毯/阻碍养分循环　　　b. 霸道抑制林下植被发育　　　c. 树种单一病虫害蔓延

图11-2　云南松纯林的调节能力衰退

a. 稀稀拉拉天然林　　　　　　　　　　b. 你拥我挤人工林

图11-3　云南松纯林的生产力衰退

从地带性植被、林窗更新能力、现有森林类型和现有优良个体数量4个方面来看，云南松纯林近自然化改造具有可行性。云南松纯林所处地带性植被为亚热带常绿阔叶林，亚热带的地带性树种资源非常丰富，常见的有栎属、桤木属、樟属和山茶属树种等，按照顶级演替学说理论，这些树种作为混交树种，与云南松形成混交林，为进展演替群落。云南松林窗更新能力强，林窗中常见天然更新的幼苗幼树，利于形成混交林，此特点契合生境异质性所产生的森林更新的斑块性（流动镶嵌学说）特征。云南松现有森林类型中不乏针阔混交林（云南松、麻栎、栓皮栎等栎类混交林，云南松和毛青冈混交林、云南松和旱冬瓜混交林，云南松和杨梅混交林，云南松和西南桦混交林，云南松和红木荷混交林等）（图11-4），为云南松纯林改造提供了现实样板。现有云南松林分中不乏优良个体（图11-5），可以用于培育大径材，以实现目标树单木经营体系。

云南松纯林近自然化改造的途径是目标树单木经营体系。目标树选择标准为生命力

a. 云南松和栎类混交林　　　　　b. 云南松和杨梅混交林　　　　　c. 云南松和旱冬瓜混交林

图 11-4　云南松针阔混交林

图 11-5　云南松林中的优良个体

（如冠幅）强、质量（如干形和枝条分布）好、间距（每 8~10m）适宜、目标（增加木材价值和生态价值）明确，目标树密度一般控制在 200 株 /hm²（以陈远台等于 2013 年提出的针阔混交林最大保留径阶为依据，30~35cm 径阶林分保留 75~150 株 /hm²、25~30cm 径阶林分保留 150~225 株 /hm²、20~25cm 径阶林分保留 300~350 株 /hm²、10~20cm 径阶林分保留 450~500 株 /hm²、10cm 以下径阶林分不控制株数），间伐竞争树，帮助目标树生长（朱国荣，2018；梁洪萍，2012）。云南松纯林近自然化改造的目标是将纯林改造成复层、异龄的混交林。云南松纯林近自然化改造的方法是：第一步，确定不同坡位的目标林相（如上坡为云南松、滇油杉和阔叶树组成的混交林，中坡为云南松和阔叶树组成的混交林，下坡为常绿阔叶树和云南松组成的混交林）（图 11-6）；第二步，确定采伐强度和目标树密度；第三步，对林木进行分类（用材目标树、生态目标树、园林大苗目标树、一般林木和干扰树）（邓树剑等，2017）（图 11-7）；第四步，保留用材目标树和生态目标树，采挖园林大苗目标树（树形、冠形、干形等新、奇、特的云南松扭曲或弯曲单株，这些单株作为用材目标树培育价值低下，但用于园林绿化，随着大树携景进城，其独特成景价值是苗圃育苗所无法比拟的，在云南松纯林近自然化改造中，对这些资源在抚育中利用，在利用中增值，对于提高林分综合效益意义重大）（王艳军等，2020），采伐干扰树，调整林分结构和减小林分密度。

a. 上坡云南松、滇油杉和阔叶树　　b. 中坡云南松和阔叶树　　c. 下坡常绿阔叶树和云南松

图 11-6　不同坡位云南松的目标林相

a. 用材目标树、干扰树　　b. 生态目标树　　c. 用材目标树与干扰树树冠交错

图 11-7　云南松林内林木的分类

云南松纯林近自然化改造的效果主要体现在通过近自然化采伐更新改造，降低了云南松在林冠层的地位和作用而提高了阔叶树在林冠层的地位和作用，并使云南松种群的树干通直度结构得到明显改善、更新层和草本层物种多样性显著提高（图11-8）。由此表明，通过近自然化改造促使纯林朝着复层、混交的方向演替。另外，近自然化采伐在经济上具有可行性。

a. 改造前林相

b. 改造后林相

c. 改造前林下植被

d. 改造后林下植被

图 11-8　云南松纯林近自然化改造效果

11.4.2　案例的课堂设计

第一，明确本案例教学的学习目标：①了解近自然林业产生的背景（人工纯林/多代连栽存在的问题），熟悉森林多效经营与分类经营的核心内容，掌握近自然林业的理论核心与实践技术体系，熟知国内外近自然林业改造应用的作用、目标、方法、技术和效果，了解近自然林业经营在解决我国人工纯林林分衰退问题、提高重要生态位立地的林分生态效益问题、满足大树携景进城对园林绿化大苗的需求效应等方面的应用。②学会综合运用森林培育学中的适地适树原则（注重乡土树种的选择和使用）、目标树的确定方法（对林分中的林木进行分类，划分出用材目标树、生态目标树、园林大苗目标树、一般林木和干扰树）、林分结构控制（密度调控和树种组成调控）、林分抚育管理（单株木抚育）、择伐及更新（林窗天然更新、人工更新、人工促进天然更新）等的理论和技术，系统地开展人工林的近自然化改造和天然林的近自然化经营工作，在实现优良立地条件的人工林定向、高效培育目标的同时，保障人工林的稳定和可持续发展，在实现重要生态位立地条件的天然林发挥高效生态效益的同时，保障天然林的稳定和可持续发展。总的学习目标可以分解为以下3个具体目标：①通过教师课堂讲授的理论知识，学生掌握近自然林业的理论核心与技术体系。②通过课堂讨论交流，使学生了解自己身边常见林分（天然林、人工林）存在的问题，是否有林分衰退情况，林分衰退的具体原因，是否可以通过近自然化改造或近自然化经营解决这些问题，让学生学会具体问题具体分析，挖掘现象背后的机理，有针对性地找出解决问题的途径。③掌握人工林或天然林近自然化经营中的适地适树（以乡土树种为主）、林分结构调控（针叶林中引入阔叶树种形成针阔混交林，确定用材目标树和生态目标树，确定目标树保留密度，单株木抚育管理以及择伐与更新管理）等主要培育流程中的方法和技术；掌握我国或本地区重要的、典型的人工林和天然林近自然经营的关键技术体系。

　　第二，设计引发讨论的问题如下（按问题提出的顺序列出）：①大家知道或见过我们现有的人工林或天然林存在哪些问题呢？这些问题林分各自有什么典型特征呢（如林分生产力下降、地力衰退、病虫害严重、林木枯梢或整株死亡等）？这些问题林分产生的主要原因分别是什么呢？这几个问题交流讨论之后，学生会对生长在身边的人工林或天然林的现状、存在的主要问题及其产生的机理有一定的了解和认识。②通过刚才大家看到的我国或本地区重要的、典型的人工林或天然林存在的具体问题以及其近自然化改造技术和改造效果的相关图片，结合前面大家对生长在身边的问题林分的讨论，请大家总结一下，我国人工林或天然林近自然经营的思路和关键技术体系。这个问题交流讨论之后，学生会对近自然林业经营的适用林分、方法步骤、关键技术和研究现状有了一个较全面的认识。期间若学生交流分析不全面，则教师进行补充讲解。③大家回顾一下在"森林培育学"课程中所学的森林立地、树种选择、适地适树、乡土树种、林分结构控制、林分抚育、林分主伐更新等的理论和技术，结合我们刚刚讨论的近自然林业改造或经营的方法与技术，来分析针对我国森林分类经营的现状，如何实现人工林的高效培育和可持续经营？如何保障天然林的稳定性和高效生态效益的发挥？人工林或天然林近自然化经营中应考虑的主要环节和关键技术？这一系列问题交流讨论之后，学生会对人工林或天然林近自然化经营中的方法和技术体系有清晰的、完整的认知，明白要实现人工林高效培育和可持续经营以及天然林高效生态效益和林分稳定性的目标分别应该怎么做。期间若学生交流分析不全面，则教师进行补充讲解。

　　第三，设计开场，该案例教学采用直接向学生抛出问题的开场方式。

　　第四，板书规划，依据引发讨论的主要问题数目，将黑板分成3个区域，每个区域书写相应的讨论题目，题目下方记录学生回答的要点或关键词。

11.4.3 案例教学的组织实施

本部分案例教学的组织实施参见 2.5.3。

11.4.4 教学效果分析评价

本部分教学效果分析评价的思路、原则和调查表参见 2.5.4。

11.5 小结

本章以近自然林业专题为教学内容，通过近自然林业理论与技术（近自然林业产生的背景、近自然林业的理论核心、国内外近自然林业的实践或技术体系）的课堂讲授，结合近自然林业案例教学（适宜案例材料的选取、详细的案例课堂设计、有序的案例教学组织实施和科学的案例教学效果分析评价）的课堂交流讨论，使学生在深入理解理论知识的基础上，熟练掌握人工林、天然林近自然化改造或经营的方法步骤和技术体系，将理性认知和感性认知相结合，构建系统的人工林或天然林近自然经营知识体系，解决人工林和天然林培育中林分衰退的难题，提高我国人工林和天然林培育效益，改善我国人工林和天然林的稳定性和可持续性，提高学生分析和解决问题的能力，提升学生的专业能力和职业能力。

第 12 章

森林衰退及其防治专题

12.1 森林衰退概述

森林衰退问题的研究已有 100 多年的历史，在研究过程中，很多专家学者使用了多种有关的术语，如森林退化、森林衰退、土地退化、地力衰退（人工林）、第二代问题、人工林长期生产力维持等（李甜江，2011）。森林退化是指林木产品和生态服务功能的逆向改变，森林退化的动力是人为干扰（人类活动）和自然干扰（异常性自然灾害），其中最主要的是人为因素，主要表现为森林面积减少、结构丧失、质量降低、功能下降（朱教君等，2007；张小全等，2003）。森林衰退是森林退化的一种形式，森林在生长发育过程中出现的生理机能下降、生长发育滞缓或死亡、生产力降低以及地力衰退等状态，森林衰退具有复杂的无序性，起源于多种胁迫对林分的作用，表现为林木生长力下降甚至死亡（朱教君等，2007）。土地退化是指在不合理的土地生产条件下造成土地在数量和质量上的破坏，主要包括土壤侵蚀、土壤性质恶化和非农业占地 3 个方面，针对森林土壤退化主要指土壤肥力下降或森林土壤生产力降低的现象，林业上目前研究的重点主要在土壤侵蚀和土壤性质恶化 2 个方面。地力衰退（人工林）是森林土壤研究报道中用的最多的术语之一，但由于尚无明确的定义，因此不同学者对其内涵的理解存在较大的差异，并由此得出不同的研究结论，从字面上看，地力衰退可理解为林地生产力下降，也可以理解为林地土壤肥力下降（马祥庆等，1997；姚茂和，1991；俞元春，2000）。第二代问题（第二代效应）是指连栽人工林生产力的多代稳定性，Evans 在 1990 年的国际林联 19 届世界大会上提到了这个概念，他在论述中似乎更关心人工林集约经营措施是否导致下一轮伐期人工林生产力的下降，并且加进了品种改良及施肥等营林措施的影响。人工林长期生产力维持是近年来使用较多的术语，它包含的研究内容更广，凡是引起人工林生产力下降的因素均属于该研究范畴，其研究对象不仅包括土壤退化导致的人工林生产力下降，还包括非土壤因素引起的人工林生产力下降。

12.2 森林衰退现象

欧洲和北美洲的森林衰退，主要发生在高海拔营养贫乏的山地。天然林的衰退现象主要有自然枯死；天然更新不良；叶（枯斑、黄化或严重落叶）、枝、根（数量减少）损伤，导致树势衰弱；树木生长减慢，甚至停止生长；树势衰弱后，病虫害的爆发；分解动物种群削弱；野生动物减少；产生大量的、无繁殖能力的种实；林木畸形生长；林木抗逆性下降，易被风害连根拔起（常新东，1995；池庭飞，1991；马燕玲，1989；吴祥云等，2004）。完全排除人为影响的老龄天然林会经常发生因寿命过高的自然枯死和作为演替现象的树种换代。顶极林的枯损一般都是群体的，在光线好的林床上下一代幼树一齐长起来，再次成为林冠的组成树种。在灰白冷杉纯林可明显地看到上木一齐枯死和更新，枯损部分呈带状，这就是"带枯现象"。假如天然林全是顶极林的话，那么至少有1/300~1/100面积的上木枯死（常新东，1995）。很多云冷杉幼树萌发出扭曲的、萌发部位不适的枝条，而其他一些树木由于在多节枝条基部针叶簇生而成丛生状（马燕玲，1989）。云南松天然林中也普遍存在扭松和地盘松等林木畸形生长的情况（许玉兰，2015）。

河北坝上地区的杨树生态防护林表现出不同程度的退化现象，如生长缓慢（长期生产力下降和单位面积产量降低）、林分过熟、枯枝断梢（林木枝梢处不再生长，树皮脱落，直至完全干枯掉落）、整株枯死，甚至发生大规模、大面积的衰退死亡；还有当地人们俗称的"小老头儿树"，树体形状弯曲低矮、树干中空、树心焦黄、树皮皲裂脱落、材质变差；抗逆能力降低，极易遭受病虫害侵袭，主干树皮表面分布大面积的绿色和黄色菌群（黄森旺等，2012；徐立群等，2014；高俊峰等，2016；刘山宝，2019）。

12.3 森林衰退原因

森林衰退的原因因地区不同而不同，甚至在同一地区因林分不同而不同。我国的森林衰退现状与世界各地森林衰退基本一致，但由于历史原因，我国森林衰退又有其自身特点：近一个世纪的强烈人为干扰，使大部分原始天然林退化为次生林；我国拥有世界上最多的人工林，且多数人工林均具有质量差、功能低等衰退特征（朱教君等，2007）。导致天然林衰退的因素主要有森林衰退病、环境污染、自然胁迫及林分动态变化等（朱教君等，2007）。导致人工林衰退的因素除了上述导致天然林衰退的因素之外，还存在其他较为复杂的原因，如土壤养分亏缺、土壤物理性质恶化、林木次生代谢产物在土壤中的积累等。为方便森林衰退原因的研究，将引起森林衰退的因素按其特点分为自然致衰因子和人为致衰因子两大类（池庭飞，1991）。

自然致衰因子包括光、温度、水分和生物等（池庭飞，1991）。欧洲和北美洲的森林衰退是发生在从未搞过毁林和造林的那些地方，干旱一直被认为是森林衰退的一个主要原因。林木缺肥，再加上人为污染或各种自然逆境，便容易发生衰退。对因食叶昆虫和疾病危害而造成的林木迅速衰退，过去和现在都有许多报道。林木一旦受到生物伤害，它们就会对人为干扰因子反应更加剧烈。菌根萎缩是森林衰退的一个原因。有人认为寒害也会使森林衰退。

人为致衰因子可分为3类：第一类主要包括经历长途飘逸的酸性物质和金属物质，以湿沉落物和干回落物的形态沉积在森林生态系统上，如硫酸和硝酸；第二类主要是气态污染物，如硫和氮的氧化物、臭氧、有机氧化物、过氧化氢等；第三类主要包括生态系统增加了氮化合物负荷量之后的一系列反应,如土壤溶液里氮和氮氧化物比率增加,叶片摄取氮素,根瘤植物体内氮素负荷量高等(池庭飞,1991)。

我国三北防护林建设40余年,发挥了重要的生态服务功能和显著的综合效益,但近年来大面积、大规模的退化现象引起大家的重视。三北防护林退化的原因多样且复杂,包括林分过熟老化、立地条件恶劣、极端干旱缺水、树种选择不当、造林树种单一、造林密度过大、林分结构不当、经营水平低下、病虫害威胁、投资不足、管护不到位和科技支撑薄弱等(Heathman et al.,2009;马文元等,2016;刘山宝,2019)。

12.4 森林衰退机理

关于森林衰退的机理,在西方工业发达国家,特别是欧洲,许多科学家根据自己的研究成果,提出了许多假说,如酸雨假说、臭氧假说、氨过剩假说、胁迫假说和复合因子假说(杨传贵等,2000)。

酸雨假说把森林死亡和毁坏归因于酸雨。当二氧化硫和氮氧化物与阳光、氧气和水蒸气反应时形成酸雨或酸性微粒。酸雨极大地改变了土壤和植物的化学结构。镁、钾和锰易于从土壤表面和受害的叶片中淋失;同时可溶性铝、锰和其他金属元素迅速达到有害浓度,引起对树木根系的损害,从而极大地降低了树木吸收养分和水分的能力(Van et al., 1982;Schulze,1989;Roelofs,1985;杨传贵等,2000)。

一般来说,根系对氨的吸收伴随着氧化和氢离子或有机酸的释放,叶片对氨的吸收同样也伴随着氢离子或有机酸的释放。空气中或降水中的强酸和氧化剂溶解叶表层的蜡质,扰乱气孔的功能。被吸收的氮离子转化成铵、氨基酸或可溶性碳水化合物而被树木利用。非蛋白态氮化合物与不断增加的废物被贮存于叶片中,而这些物质又不能随蒸发被排出体外。当这些物质的浓度达到有害含量时,叶和茎就表现出受害症状,这就是氨过剩假说(Nilgard,1985;Pearson et al.,1993;杨传贵等,2000)。

臭氧假说将大多数叶部可见伤害归因于臭氧。当阳光朗照时,空气中的氮氧化物和碳氢化合物与氧反应形成臭氧,由此产生的氧化剂直接损伤叶片,引起细胞膜功能减弱和受害细胞养分的损失,叶片衰弱变黄,与缺镁症状相似;同时植株易受真菌和昆虫侵袭(杨传贵等,2000)。

胁迫假说认为任何单一污染物都不会引起森林的衰退,森林衰退是各种污染物质(二氧化硫、氮氧化物、碳氢化合物和重金属等)相互作用的结果。这些污染物质共同存在于大气中产生有毒反应,如在中欧和斯堪的纳维亚发生森林衰退地区,任何单一污染物质通常情况下都达不到引起损害的程度,这些污染物质经过较长时间的作用和影响,再加上不利的气候条件,足以导致叶片碳水化合物产量的减少,根、叶活性的降低,从而易受真菌、细菌、昆虫和气候胁迫的攻击（杨传贵等，2000）。

很多学者从土壤养分、化感作用（自毒作用）、林分生物多样性、群落结构与稳定性、土壤干化（干层）、林木遗传多样性、人为干扰活动等方面开展了大量的研究工作，来阐释人工林衰退的机理。

人工林的连栽和采伐等均会造成地力养分损失，从而造成地力衰退。纯林连栽导致的地力衰退已有较长的研究历史。德国最早在1983年便发现了云杉连栽后第二代生产力下降问题，因此称为第二代问题。此后，报道了柚木、日本落叶松、桉树、辐射松连栽后的生产力下降现象。造成地力衰退的因子主要涉及土壤理化性质、土壤微生物区系及其活性等方面。对杉木、落叶松、柳杉等许多树种的研究表明，同一树种纯林连栽导致土壤有效养分含量下降，从而影响土壤持续提供有效养分的能力，导致植株因缺乏生长所必需的营养物质使生产力逐代降低；同一树种纯林连栽导致土壤物理性质恶化，从而影响根系的生长和伸展、呼吸和吸水能力，从而抑制生长使生产力下降；周期性采伐，导致大量的养分元素随着木材以及其他器官的收获而被移出，因此土壤养分供应不足，人工林日渐衰退（马祥庆等，2000；杨玉盛等，2001；杨会侠等，2010；李甜江，2011）。

化感作用是植物生长过程或植物腐烂过程中产生的化学物质对邻近植物生长产生的干扰作用，它是森林生态系统中普遍存在的一种现象，对森林群落的结构、功能、效益及发展均有重大影响，是森林衰退中不可忽视的化学生态因子，即化感作用也会造成森林衰退（Rice，1984；彭少麟等，2001；林思祖等，2002）。自毒作用是化感作用的一种常见形式，是因植物的无益代谢产物积累导致自身的生长及更新受到抑制的现象。很多学者研究发现，杉木、桉树、扁柏、赤杨属、刺五加、红松、马尾松等树种都具有自毒作用，其中杉木最具代表性（曹光球等，2005；林武星等，2005；杜玲等，2003；陈龙池等，2004）。因此，化感作用是人工林衰退的原因之一。

生物多样性的减少是导致人工林衰退的原因之一（陈龙池等，2004；杨琴军等，2009）。在人工林的经营中，一味地追求提高单位面积产量的眼前利益，造成树种单纯化、针叶化，纯林结构单层化，伴生树种、下木和草本等生物种类稀少，致使自然界正常的物种、树种比例失去了平衡。在结构简单的人工林生态系统中，由于生物多样性减小以及组成树种的生长习性、吸收特点、与外界物质和能量交换的高度一致性，导致某些生态因子的单项积累、反馈调节能力减弱，引起生态系统失去原有的平衡状态（沈照仁，1994；余雪标，1998；李甜江，2011）；同时，人工林特殊的结构形成了林下独有的生态环境，植被稀少、凋落物组成简单，导致土壤动物与微生物种类和数量减少，从而影响凋落物的分解速度，降低了养分循环的速度，使土壤的养分供应能力下降，如与山脊松阔混交林相比，杉木速生丰产林土壤微生物数量减少，表层土壤中的氨化细菌和硝化细菌数量前者是后者的2.28倍和1.20倍（杨玉盛等，1997），再如柚木人工林，由于缺乏林下植被，林冠层不仅不能有效地拦截降水，反而加强了树冠倾泻下来的雨水对地面侵蚀，因此也造成地力衰退（李甜江，2011）。

群落因素也会导致森林衰退，其中优势种群稳定性下降是导致森林衰退的主导因素。种群稳定性是群落或生态系统存在的首要条件和最基本表征之一，不仅反映种群个体属性特征的数量分布状况，揭示种群建立和发展过程中的某些机理，也反映了种群数量动态及其发展趋势，并在很大程度上反映种群与环境间的相互关系及其在群落中的地位和作用（张忠华等，2007）。从种群结构来考虑，种群动态是遗传体制的一个特征因素，涉及种群基因库的真实容量（黄瑞复，1993）。例如，台湾杉由于种群年龄结构极不合理（该种群中，胸径25cm以上的大树约占90%，中、小树极其缺乏，未发现自然更新的幼苗），因此种群处于严重衰退过程中（杨琴军等，2009）。

在缺水地区，土壤干化（干层）造成的地力衰退是导致森林衰退的主导因素。由于降水不足，若遇连年干旱或随着林分的生长，土壤水分便出现负平衡现象，从而造成土壤干化或形成土壤干层，致使群落生产力超过了"土壤水分植被承载力"，植物种群就会衰退（程积民等，2003；王国梁等，2003）。在干旱、半干旱地区，水分是植物存活、生长和繁殖的限制性因子，凡能导致土壤水分状况恶化的因素都将引起森林衰退。树种与立地不适应，尤其是水分不能满足树木生长发育的需要，结果形成"小老头"林，如山上、山下一群杨。初植密度过大或随着植物群落的发育，将使其生产力超过土壤水分承载力，从而造成森林衰退（李甜江，2011）。

林内遗传多样性的降低，也是造成人工林衰退的原因之一。影响遗传多样性的因素主要包括两大方面，一是内部因素（遗传因素），如交配系统、基因流等；二是外部因素（生态、社会因素），如资源分布、火灾、过度砍伐等。其中，对遗传多样性影响最大的内因是交配系统或繁育系统（李斌等，2003）。例如，对树木遗传改良及良种的推广应用重视不够，采用未加改良的商品种子育苗或造林，造成人工林遗传基础先天不足（云南松）（王晓丽，2019）；长期采用"拔大毛"式的抚育间伐，不仅增大了林分中不良个体的比例，而且造成更新苗木遗传品质不良，从而改变了林分的遗传结构（云南松）（许玉兰，2015）；单一种源、家系或无性系集中连片造林，由于近交、自交造成遗传基础狭窄甚至遗传退化。

在人工林经营过程中，人为干扰和不合理的经营方式也会造成土壤肥力下降，甚至是导致人工林地力衰退的最直接原因。其中，主要的人为干扰活动包括不合理的采伐、林地植被清理方式和整地方式。如以炼山的方式对采伐剩余物和林地植被进行清理（杉木），普遍认为这种做法有提高土壤肥力的作用，但事实上炼山造成有机质和营养元素流失，土壤理化性质改变，土壤动物、微生物种类和数量减少，最终导致林地土壤肥力衰退（叶镜中等，1990）；不合理的整地也容易引起水土流失，降低土壤肥力（余雪标等，1997）。

因此，不合理的人为干扰方式往往会导致人工林地力衰退。

虽然森林衰退机制的研究已趋成熟，但森林衰退问题并未得到完全解决。因此，如何根据不同的立地条件，合理经营、培育森林，维持森林的长期生产力，持续利用森林土壤，保护良好的生态环境，防治森林衰退，是森林培育中的一个重点和难点。

12.5　森林衰退防治对策和措施

（1）天然林衰退问题的防治对策和措施。必须从源头筑起，科学合理地调控干扰，尤其是人类活动对森林破坏性的干扰。①纠正森林利用过程中决策的失误。对于天然林，应以保护为核心，兼顾利用，解决天然林保护工程过程中的关键瓶颈问题，如明确天然林保护工程中不同森林生态系统类型的水文、养分循环、树种生理生态、生物多样性变化及更新演替等主要生态过程，研究人为干扰、自然干扰对森林生态过程的影响，以及生态过程对各种类型干扰的响应等；同时，应加强污染地区污染物对森林危害的临界值（阈值）及其预警系统研究、大气污染物对林木的行为和作用机理研究，从而为天然林保护提供理论依据与技术保障。②尽量减少人为过度干扰，加强以全球变化为主的异常自然干扰的应对策略。对于人为干扰过度的森林，应排除人为干扰，通过自然途径或人为辅助方式，使衰退的森林结构与功能逐渐恢复和完善；针对天然林中的不合理采伐干扰，采取保护应对措施，使衰退的森林生态系统得以逐渐恢复和健康发展；对于人为难以控制的自然干扰（如病虫害、火灾、雪害或风害等），应加强应对策略研究，找出异常自然干扰与全球变化的关系，控制可能加剧全球变化的人类活动；制定针对不同自然干扰类型、强度、频度的应对措施，确保森林生态系统在异常自然干扰下受到的冲击最小；加强干扰与衰退森林生态系统的诊断、评价和生态恢复理论与技术研究，对森林的衰退现状进行辨析与诊断，建立森林衰退早期诊断或森林衰退的风险评价理论与技术体系，为森林恢复提供技术支撑。③避免林业建设中的技术失误，加强现有森林的经营管理：森林经营对策包括实施森林资源监测和评价；以天然林保护为核心，实现分类定向经营；合理、适度地综合开发、利用森林资源，在保护物种多样性的前提下发展森林经济；加强森林经营管理理论与技术研究，包括退化森林的更新恢复与重建，低产、低质、低效天然次生林的生态恢复，根据林分结构特征，按照近自然森林培育思路，建立混交林、复层林培育体系，探讨不同类型林分树种配置方案与经营技术措施体系（朱教君等，2007）。

（2）人工林衰退的防治对策和措施。主要有造林树种选择时，遵循适地适树的原则，加强立地控制，根据土壤、地形、水文、指示植物等立地因子确定立地类型和划分小班，选择适宜的树种和优良种质（高效、抗病虫害等）作为造林材料；加大林分中枯死林木的卫生抚育力度，避免引起病虫害的传染蔓延，造成更大面积林分枯死，通过卫生抚育改善林分的卫生状况，减少单位面积的保留株数，使林分内部的水分和养分达到平衡，恢复林分的生长势和稳定性；结合低产低效人工林产生的原因及其现状，有针对性地采取措施，实现低产低效人工林的改造，如以优良乡土树种为主，通过廊状改造或带状改造以及林下补植补造，解决树种选择不当的问题，再如对密度大的林分，尽快进行抚育采伐；新植林应以混交林为主，配置块状、带状混交为宜，合理的混交模式不仅能促进林木生长，改善森林的生态环境，还能调节林内温度，降低蒸发强度，提高林内的相对湿度，减小林内风速，提高土壤肥力，改善根际土壤的微生物环境，降低土壤酸度，促进有机质的形成与转化；要加强病虫害防治工作，病虫害发生时期掌握不准，防治不及时，是造成病虫害发生、蔓延的重要因素，要加强林业主管部门及林农共防共治的协作，做好病虫测报（周华，2014）。

12.6　森林衰退及其防治的案例教学

12.6.1　案例材料的选取

针对西南林业大学林学专业学生以云南生源为主的特点，立足身边选大家熟悉的树种作为案例教学的当家树种，以该树种天然林和人工林的不同生长状况作为案例教学材料，引导学生思考和讨论其所见所闻的林分衰退因何而起，如何有针对性地采取相应的措施防治林分衰退，进而实现综合运用所学的森林培育学的相关理论与技术，提高学生解决实际问题的能力，是森林衰退及其防治专题案例教学的根本目标。要实现该专题案例教学的上述目标，适宜案例材料的选取则是首要任务，本文作者长年在我国西南地区从事森林培育的教学和科研工作，根据其对云南松（我国西南地区特有的针叶用材树种）天然林全分布区的调查和云南松人工林近自然改造的研究，认为云南松是非常合适的案例材料。

云南松作为案例材料非常具有典型性。云南松为常绿针叶乔木，高可达30m，胸径达1m，适应性和天然更新能力都很强。云南松是我国西南地区特有的用材树种（图12-1），以云南省为分布中心，四川的西南部（图12-2）、西藏的东南部、贵州和广西的西部皆有分布，在我国西南地区形成了大面积的天然林和人工林，是一个生态、经济和社会效益高的树种（金振洲等，2004）。根据针叶、球果和干形等特征将云南松划分为一个原种——云南松、两个变种——细叶云南松（*Pinus yunnanensis* var. *tenuifolia*）和地盘松（*Pinus yunnanensis* var. *pygmaea*）（灌丛状的云南松）（图12-3b和图12-4）以及一个变型——扭松（树干扭曲的云南松）（图12-5a）（金振洲等，2004；许玉兰，2015）。但是天然林由于之前的人为粗放择伐等活动，人工林由于采种的人为负向选择或造林用种质来源不清楚，导致林分中弯曲、扭曲、低矮等不良个体的比例较大，甚至形成较大面积的地盘松林、扭松纯林（图12-5a）和"小老头林"（图12-3a），地盘松无材用价值，扭松的劣性材质,致使其材用价值极低,"小老头林"也无材用价值(金振洲等,2004;许玉兰,2015;邓官育,1980)。因此,云南松林分衰退问题日渐突出(蔡年辉等,2016;王磊等,2018;王晓丽,2019)。

a. 云南云龙材用云南松天然林

b. 云南双柏材用云南松天然林

c. 广西乐业材用云南松天然林

d. 西藏察隅材用云南松天然林

e. 云南永仁材用云南松天然林

图 12-1　材用云南松天然林

a. 扭松疏林地

b. 林分中的扭松

c. 稀疏的林分

图 12-2　四川攀枝花云南松天然林

a. "小老头林"

b. "小老头林"中的地盘松

图 12-3　云南昆明云南松人工林

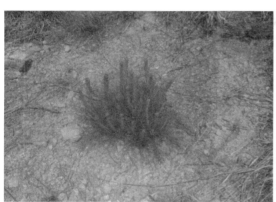
a. 云南松林缘天然更新的地盘松

b. 云南松林内天然更新的地盘松

图 12-4　云南昆明云南松人工林

a. 扭松林

b. 材用云南松林

图 12-5　云南香格里拉云南松天然林

　　a. 云南松叶部病害　　　　　　　　b. 云南松毛虫

图 12-6　云南松病虫害

12.6.2　案例的课堂设计

第一，明确本案例教学的学习目标：学会综合运用"森林培育学"中的三大控制（遗传控制、立地控制和结构控制）的理论和技术来理解并解决森林衰退的问题。总的学习目标可以分解为以下 4 个具体目标：①深入理解立地条件对树种分布和生长的影响，认知适地适树的重要性，明确如何做到适地适树。②认知优良种质资源在森林培育中的重要性，保护和利用优良种质资源不容忽视。③认知良好的林分结构（水平结构和垂直结构）对林木生长和林分稳定性的影响效应，明确森林抚育的重要性。④认知常见的森林衰退类型，明晰其产生的原因，结合三大控制的理论和技术，确定适宜的防治措施，改低产低效林为高产高效林。

第二，设计引发讨论的问题如下（按问题提出的顺序列出）：①大家认识云南松吗？知道这个树种的生物学和生态学特性吗？了解这个树种的用途吗？这几个问题交流讨论之后，学生会对云南松的分布、生活史以及用途有了一个比较全面的认知。②大家所见过的云南松林（天然林或人工林）是一种什么样的生长状况呢？这个问题交流讨论之后，会引出一些云南松林分衰退的问题，但是林分衰退类型可能会不全面，此时需要教师进行补充讲解。③为什么大家看到的云南松林的生长状况会是那样的呢？这个问题交流讨论之后，林分衰退的原因会逐渐明晰。④如何防治云南松林分的衰退呢？这个问题交流讨论之后，针对不同的林分衰退类型，相应的适宜防治措施会非常明确。

第三，设计开场，该案例教学采用直接向学生抛出问题的开场方式。

第四，板书规划，依据引发讨论的主要问题数目，将黑板分成 4 个区域，每个区域书写相应的讨论题目，题目下方记录学生回答的要点或关键词。

12.6.3　案例教学的组织实施

本部分案例教学的组织实施参见 2.5.3。

12.6.4 教学效果分析评价

本部分教学效果分析评价的思路、原则和调查表参见 2.5.4。

12.7 小结

本章以森林衰退及其防治专题为教学内容,通过森林衰退及其防治研究理论与技术(森林衰退和退化的概念、天然林和人工林的森林衰退现象、天然林和人工林的森林衰退原因、天然林和人工林的森林衰退机理、天然林和人工林的森林衰退防治对策和措施)的课堂讲授,结合森林衰退及其防治案例教学(适宜案例材料的选取、详细的案例课堂设计、有序的案例教学组织实施和科学的案例教学效果分析评价)的课堂交流讨论,使学生在深入理解理论知识的基础上,熟练掌握天然林和人工林培育中森林衰退防治的方法和技术体系,将理性认知和感性认知相结合,构建系统的天然林和人工林可持续培育知识体系,解决天然林和人工林培育中森林衰退和退化的难题,提高我国天然林和人工林培育的理论水平和技术能力,改善我国天然林和人工林的稳定性和可持续性,提高学生分析和解决问题的能力,提升学生的专业能力和职业能力。

参考文献

白成科, 李桂双, 彭长连, 等, 2003. 高静水压诱导水稻变异的初步研究 [J]. 热带亚热带植物学报, 11 (2): 132-136.

白冬艳, 张德成, 翟印礼, 等, 2013. 恒续林经营研究的3个关键问题 [J]. 世界林业研究, 26 (4): 18-24.

毕文霞, 2020. 昆明市西山区石漠化治理抗旱造林技术试验 [J]. 现代园艺 (17): 22-23.

蔡年辉, 李根前, 2008. 近自然林业及其在我国的应用概述 [J]. 山西农业科学, 36 (12): 108-110.

蔡年辉, 许玉兰, 李根前, 等, 2016. 云南松茎干弯曲、扭曲特性的研究现状及展望 [J]. 林业调查规划, 41 (6): 19-23.

曹光球, 林思祖, 王爱萍, 等, 2005. 马尾松根化感物质的生物活性评价与物质鉴定 [J]. 应用与环境生物学报, 11 (6): 686-689.

曹建华, 袁道先, 童立强, 2008. 中国西南岩溶生态系统特征与石漠化综合治理对策 [J]. 草业科学, 25 (9): 40-50.

曹潘荣, 骆世明, 1996. 柠檬桉的他感作用研究 [J]. 华南农业大学学报, 17 (2): 7-11.

曹子林, 王晓丽, 邓志华, 2009. 蓝桉水提液对蓝桉种子发芽的化感效应 [J]. 福建林业科技, 36 (1): 26-30.

曹子林, 王晓丽, 涂璟, 2011a. 紫茎泽兰不同处理方法水提液对云南松种子萌发的化感作用 [J]. 种子, 30 (8): 46-49, 54.

曹子林, 王晓丽, 谌永蕾, 等, 2011b. 蓝桉枝、叶气态挥发物对种子萌发的自毒作用 [J]. 甘肃农业大学学报, 46 (5): 81-85.

曹子林, 王晓丽, 杨桂英, 2012a. 紫茎泽兰不同处理方法水提液对云南松幼苗生长的化感作用 [J]. 种子, 31 (2): 34-38.

曹子林, 王晓丽, 杨桂英, 2012b. 紫茎泽兰气态挥发物对云南松种子萌发及幼苗生长的化感作用 [J]. 江西农业大学学报, 34 (1): 77-81.

曹子林, 王晓丽, 王林, 2012c. 蓝桉枝叶不同温度水提液的化感作用 [J]. 西北林学院学报, 27 (1): 142-146.

曹子林, 王晓丽, 陈勇, 等, 2012d. 蓝桉枝、叶气态挥发物对幼苗生长的自毒作用 [J]. 山东农业大学学报 (自然科学版), 43 (1): 33-37.

曹子林，王晓丽，张权新，等，2016a. 紫茎泽兰入侵的云南松林种群结构及其土壤种子库特征 [J]. 云南大学学报（自然科学版），38（6）：958-964.

曹子林，王晓丽，李根前，等，2016b. 紫茎泽兰入侵云南松林土壤种子库物种结构特征 [J]. 江西大学学报，38（5）：897-904.

曹子林，王乙媛，王晓丽，等，2017a. 紫茎泽兰对蓝桉种子萌发及苗生长的化感作用 [J]. 种子，36（11）：38-43.

曹子林，王乙媛，王晓丽，等，2017b. 紫茎泽兰对杉木种子萌发及幼苗生长的化感作用 [J]. 种子，36（7）：32-36.

曾德贤，吴子欢，朱仁刚，2010. 云南省林业产业发展的良种问题及对策 [J]. 林业调查规划，35（5）：57-61.

曾伟生，2009. 近自然森林经营是提高我国森林质量的可行途径 [J]. 林业资源管理（2）：6-11.

曾炜，2009. 我国生物柴油发展状况及对策 [J]. 华中农业大学学报（社会科学版）（4）：43-48.

常新东，1995. 森林衰退现象种种 [J]. 世界林业研究（5）：71-74.

陈代喜，李魁鹏，黄开勇，等，2017. 广西20年生杉木无性系测定与早期选择研究 [J]. 中南林业科技大学学报，37（11）：9-13.

陈登龙，吕玮，赵晨，等，2014. 天然无患子皂苷提取工艺的研究 [J]. 福建师大福清分校学报，34（2）：33-38.

陈洪松，岳跃民，王克林，2017. 西南喀斯特地区石漠化综合治理：成效、问题与对策 [J]. 中国岩溶，37（1）：37-42.

陈磊，朱月林，李明，等，2008. KNO_3 引发对 $Ca(NO_3)_2$ 单盐胁迫下茄子种子萌发和幼苗抗氧化特性的影响 [J]. 西北植物学报，28（7）：1410-1414.

陈龙池，王思龙，陈楚莹，2004. 杉木人工林衰退机理探讨 [J]. 应用生态学报，15（10）：1953-1957.

陈世昌，2015. 植物组织培养 [M]. 北京：高等教育出版社.

陈祥伟，胡海波，2005. 林学概论 [M]. 北京：中国林业出版社.

陈萧，2018. 案例教学的解构与重构 [J]. 改革创新（7）：36-37.

陈晓玲，张金梅，辛霞，等，2013. 植物种质资源超低温保存现状及其研究进展 [J]. 植物遗传资源学报，14（3）：414-427.

陈新，2007. 黄连木生物质能源林的培育 [J]. 现代农业科技，24：19-20.

陈星高，黄宝强，罗德辉，等，2004. 无性系林业——工业原料林培育的新途径 [J]. 江西林业科技（1）：35-36，39.

陈炎贤, 2014. 探究无患子的育苗及定植栽培 [J]. 大科技, 35（18）: 288-289.

陈余美, 林彬远, 2006. 直干桉引种及培育技术研究 [J]. 四川林业科技, 27（3）: 10-14.

陈远台, 郭祥泉, 郭奥捷, 2013. 近自然林业生态丰产机理与生产应用模式探讨 [J]. 西南林业大学学报, 33（6）: 25-31.

陈志阳, 左家哺, 田伟政, 2001. 无性系林业的研究进展 [J]. 湖南环境生物职业技术学院学报, 7（2）: 16-23.

陈祖静, 何茜, 苏艳, 等, 2018. "微课"辅助森林培育学课程教学的思考 [J]. 教育教学论坛（17）: 249-251.

程积民, 万惠娥, 雍绍萍, 2003. 黄土丘陵区沙棘灌木林地土壤水分动态研究 [J]. 西北植物学报, 23（8）: 1352-1356.

池庭飞, 1991. 当代森林衰退的原因与后果 [J]. 国外林业（2）: 1-4.

崔凯, 2008. 7种植物种子超干保存适宜方案选择及其机制分析 [D]. 北京: 中国林业科学研究院.

崔凯, 张建国, 李昆, 等, 2012. 山合欢种子超干燥贮藏的生理生化效应 [J]. 林业科学, 48（3）: 17-24.

邓官育, 1980. 浅谈扭曲云南松的更新方向 [J]. 云南林业调查规划, 29-31.

邓树剑, 王永忠, 韩新生, 等, 2017. 近自然林业发展研究 [J]. 宁夏农林科技, 58（8）: 23-26.

邓志军, 向振勇, 程红焱, 等, 2008. 麻疯树种子的发育、萌发和脱水耐性的初步研究 [J]. 云南植物研究, 30（3）: 355-359.

丁学儒, 1994. 径流集水造林 [M]. 兰州: 甘肃科技出版社.

杜浩, 只佳增, 李宗锴, 等, 2020. 香蕉园施用白花鬼针草的控草增效作用 [J]. 生物安全学报, 29（4）: 306-312.

杜玲, 曹光球, 林思祖, 等, 2003. 杉木根际土壤提取物对杉木种子发芽的化感效应 [J]. 西北植物学报, 23（2）: 323-327.

杜欣泽, 2009. 甘肃省黄土高原半干旱山区发展径流林业的主要技术措施 [J]. 甘肃水利水电技术, 45（12）: 51-52.

范晓月, 何云核, 赵富荣, 等, 2020. 喜树碱与10-羟基喜树碱对5种植物的化感作用 [J]. 福建农林大学学报（自然科学版）, 49（5）: 703-711.

方纯荣, 王霞林, 2018. "近自然林业"在森林可持续经营中的应用 [J]. 花卉（12）: 203-204.

方海云, 2020. 油茶生物学特性及丰产栽培管理技术 [J]. 安徽农学通报, 26（24）: 68-69.

方升佐, 2008. 中国杨树人工林培育技术研究进展 [J]. 应用生态学报, 19（10）: 2308-2316.

方扬辉，2017. 杉木无性系用材林高效培育技术研究 [J]. 林业勘察设计（2）：69-72.

高聪，2015. 无患子种植及深加工项目的可行性研究 [D]. 株洲：湖南工业大学.

高俊峰，郑焰锋，王博宇，2016. 张家口坝上地区退化杨树防护林改造与配套政策建议 [J]. 林业资源管理（4）：30-33.

高志义，张玉胜，1989. 沙棘根系特性的观察与研究 [J]. 北京林业大学学报，11（4）：53-59.

顾承真，吕晶，夏小美，等，2020. 水稻稻壳的化学成分研究 [J]. 云南农业大学学报（自然科学版），35（6）：1106-1110.

贵军，2008. 径流林业技术在黄土高原区营造水土保持林中的应用 [J]. 农业科技与信息（16）：22-23.

郭诗宇，白琳，彭吕长，等，2020. 德国巴伐利亚州近自然林业发展路径及启示 [J]. 绿色科技（19）：111-113.

国家质量技术监督局，1985. GB 6001—1985 育苗技术规程 [S]. 北京：中国标准出版社.

国家质量技术监督局，1985. GB 6000—1985 主要造林树种苗木 [S]. 北京：中国标准出版社.

国家质量技术监督局，1999. GB 6000—1999 主要造林树种苗木质量分级 [S]. 北京：中国标准出版社.

韩刚，黄少伟，2003. 无性系林业与林业可持续发展 [J]. 福建林业科技，30（4）：89-92.

侯晓杰，2012. 超低温保存技术的研究进展 [J]. 科技致富向导（27）：13.

侯新村，左海涛，牟洪香，2010. 能源植物黄连木在我国的地理分布规律 [J]. 生态环境学报，19（5）：1160-1164.

胡晓荣，胡承莲，张云兰，等，1999. 红麻超干燥种子预先回湿方法研究 [J]. 种子（3）：23-24.

胡新生，王世绩，1998. 树木水分胁迫生理与耐旱性研究进展与展望 [J]. 林业科学，34（2）：77-89.

黄凤燕，2018. 近自然林业在国内的运用 [J]. 农家参谋（12）：115.

黄海平，郑祥，2010. 浅谈弥勒县直干桉栽培现状及发展对策 [J]. 林业建设（3）：22-24.

黄瑞复，1993. 云南松的种群遗传与进化 [J]. 云南大学学报（自然科学版）（1）：51-64.

黄森旺，李晓松，吴炳方，等，2012. 近 25 年三北防护林工程区土地退化及驱动力分析 [J]. 地理学报，67（5）：589-598.

黄素梅，王敬文，杜孟浩，等，2009. 无患子的研究现状及其开发利用 [J]. 林业科技开发，23（6）：1-4.

黄永忠，2018. 轻基质网袋容器育苗造林技术 [J]. 乡村科技（6）：56-57.

惠兴艳，2019. 轻基质网袋容器育苗优点及其技术关键 [J]. 现代园艺（13）：64-65.

贾汉森，2017. 能源林可持续经营评价指标体系构建与应用研究 [D]. 北京：北京林业大学.

贾宏炎，黎明，曾冀，等，2015. 降香黄檀工厂化育苗轻基质筛选试验 [J]. 中南林业科技大学学报，35（11）：74-79.

贾梅花，王哲，刘金福，等，2021. 格氏栲天然林凋落物对马尾松种子萌发的影响 [J]. 林业科学研究，34（1）：128-136.

江海涛，2012. 桉树组培快繁研究及其应用进展 [J]. 现代建设，11（7）：64-67.

蒋建新，陈晓阳，2005. 能源林与林木生物转化能源化研究进展 [J]. 世界林业研究（6）：39-44.

蒋忠诚，李先琨，胡宝清，2011. 广西岩溶山区石漠化及其综合治理研究 [M]. 北京：科学出版社.

蒋忠诚，罗为群，童立强，等，2016. 21世纪西南岩溶石漠化演变特点及影响因素 [J]. 中国岩溶，35（5）：461-468.

焦磊，史绍林，2019. 几种因素优化对林木组织培养增殖培养影响探讨 [J]. 防护林科技（7）：88-89.

金春生，李婷，2015. 基于近自然林业理念对森林培育学科发展的作用分析 [J]. 农业与技术，35（10）：104-105.

金明洙，崔永林，朴光日，2004. 无性系林业的实用化现状 [J]. 延边大学农学学报，26（1）：20-26.

金振洲，彭鉴，2004. 云南松 [M]. 昆明：云南科技出版社.

鞠晓雪，迟秀丽，赵欢欢，等，2020. 野茉莉轻基质网袋容器栽培技术 [J]. 浙江农业科学，61（7）：1372-1376.

康树珍，贾黎明，彭祚登，等，2007. 燃料能源林树种选育及培育技术研究进展 [J]. 世界林业研究，20（3）：27-33.

康向阳，2017. 关于无性系林业若干问题的认识和建议——以杨树为例 [J]. 北京林业大学学报，39（9）：1-7.

康向阳，2018. 科学推进无性系林业 [J]. 科学新闻（7）：62-64.

康向阳，2017. 关于无性系林业若干问题的认识和建议——以杨树为例 [J]. 北京林业大学学报，39（9）：1-7.

康小虎，康晓霞，黎彦邑，2020. 石漠化治理的对策及造林技术措施 [J]. 新农民（9）：60.

柯宏英，2014. 轻基质网袋容器育苗技术 [J]. 现代园艺（8）：75-76.

兰霞萍，陈大超，2017. 案例教学的问题与出路 [J]. 教学与管理（4）：1-4.

兰彦平，顾万春，2002. 林木无性繁殖研究进展 [J]. 世界林业研究，15（6）：7-13.

李斌，顾万春，2003. 松属植物遗传多样性研究进展 [J]. 遗传，25（6）：740-748.

李昌珠, 蒋丽娟, 程树棋, 2005. 生物柴油——绿色能源 [M]. 北京: 化学工业出版社.

李春英, 关佳晶, 李玉正, 等, 2021. 南方红豆杉水浸提液对喜树种子发芽和幼苗生长的化感作用 [J]. 生态学报（4）: 1-8.

李春英, 田瑶, 于美婷, 等, 2020. 苘麻挥发油对小麦、玉米和大豆萌发及幼苗生长的化感作用 [J]. 应用生态学报, 31（7）: 2251-2256.

李二波, 奚福生, 颜慕勤, 等, 2003. 林木工厂化育苗技术 [M]. 北京: 中国林业出版社.

李桂双, 白成科, 段俊, 等, 2003. 静水高压处理对水稻植株生理特性的影响 [J]. 高压物理学报, 17（2）: 122-128.

李化, 陈丽, 唐琳, 等, 2006. 西南部分地区麻疯树种子油的理化性质及脂肪酸组成分析 [J]. 应用与环境生物学报（5）: 643-646.

李吉跃, 周平, 何茜, 等, 2011. 抗旱节水造林技术及其应用 [M]. 北京: 中国林业出版社.

李家玉, 李立, 冯常青, 等, 2020. 稻/稗共培抑草圈法结合主成分-聚类分析法筛选化感潜力水稻品种 [J]. 应用与环境生物学报（10）: 1-11.

李磊, 孟珍贵, 龙光强, 等, 2016. 植物顽拗性种子研究进展 [J]. 热带亚热带植物学报, 24（1）: 106-118.

李莲芳, 郑畹, 韩明跃, 等, 2010. 云南松遗传改良进展及其育种策略剖析 [J]. 西部林业科学, 39（2）: 104-110.

李明勇, 2019. 近自然林业理念在森林培育中的应用 [J]. 绿色科技（15）: 196-197.

李树斌, 景芸, 倪川, 2016. 森林培育学虚拟仿真实验教学体系构建的思考与建议 [J]. 安徽农学通报, 22（17）: 170-172.

李甜江, 2011. 中国沙棘人工林衰退的水分生理生态机制 [D]. 北京: 北京林业大学.

李秀全, 徐有明, 2006. 我国主要木本油料树种资源开发与林业生物能源林建设的探讨 [J]. 生物质化学工程（S1）: 229-234.

李炎祥, 2015. 杉木无性系繁殖采穗圃建立技术及难点攻克 [J]. 现代农业科技（22）: 172, 180.

李玉梅, 林海涛, 李淋倍, 等, 2021. 油茶果壳的综合利用 [J]. 现代农业科技（1）: 178-180.

厉波, 廖凤林, 吴光荣, 2020. 老油茶林土壤浸提液对其种子萌发及幼苗生长的化感作用 [J]. 种子, 39（11）: 93-95, 102.

廉永善, 卢顺光, 薛顺康, 等, 2000. 沙棘属植物生物学和化学 [M]. 兰州: 甘肃科学技术出版社.

梁洪萍, 2012. 浅谈近自然林业理论 [J]. 四川林业科技, 33（5）: 103-105.

梁灵, 张正茂, 段旭昌, 等, 2005. 高压对小麦种子发芽和幼苗生长的影响初探 [J]. 高压物理学报, 19（3）: 242-246.

廖继佩，林先贵，曹志洪，等，2003.一种新型连续根分泌物收集装置[J].土壤（4）：311-313.

廖建良，宋冠华，曾令达，2000.巨尾桉叶片水提液对小麦幼苗生长的影响[J].惠州大学学报（自然科学版），20（4）：50-52.

林坚，郑光华，2004.超干贮藏杜仲种子的研究[J].种子生理研究，212-217.

林进，1999.公益林与商品林分类指标体系及技术标准的研究[J].林业科学，35（4）：93-100.

林思祖，杜玲，曹光球，2002.化感作用在林业中的研究进展及应用前景[J].福建林学院学报，22（2）：184-188.

林思祖，黄世国，2001.论中国南方近自然混交林营造[J].世界林业研究，14（2）：73-78.

林武星，洪伟，郑郁善，等，2005.森林植物他感作用研究进展[J].中国生态农业学报，13（2）：43-46.

林小凡，1999.针叶树种的无性繁殖与无性系林业[J].江西林业科技（6）：36-40.

刘代亿，李根前，李莲芳，等，2010.云南松超级苗选择初探[J].福建林业科技，37（3）：102-103.

刘均利，刘海鹰，龙汉利，等，2016.柳桉组培快繁技术体系研究[J].四川林业科技，37（4）：74-78.

刘俊龙，吴中能，苗婷婷，等，2019.杨树无性系区域化造林试验研究[J].安徽林业科技，45（4）：11-15.

刘清林，韦庆和，2020.红松轻基质网袋容器育苗技术规程[J].农业与技术，40（9）：71-73.

刘山宝，2019.河北坝上土壤水分对杨树防护林退化响应研究[D].北京：北京林业大学.

刘文静，徐俊杰，2020.浅谈林木植物组织培养技术中存在的问题及对策[J].安徽农学通报，26（5）：24-25.

刘小香，王真辉，陈秋波，2008.巨尾桉挥发物化感作用初步研究[J].热带作物学报，29（3）：338-341.

刘晓丽，赵娜，贾钰莹，等，2020.酚酸类物质在植物-土壤-环境中的作用[J].园艺与种苗，40（8）：56-58，63.

刘艳萍，朱中原，刘涛阳，2020.超低温保存对胡杨种子活力及生理指标的影响研究[J].南方农业，14（14）：133-139.

刘云彩，陈芳，吴丽圆，等，1996.直干桉组织培养[J].云南林业科技（3）：12-18.

陆斌，聂艳丽，董晓光，2011.无性系林业的优势与发展[J].云南林业，32（4）：40-41.

路璐，2013.中国宜能边际地区黄连木生物柴油开发潜力及环境效益分析[D].南京：南京农业大学.

罗纯, 吴先勇, 2018. 案例教学的学习理论解析 [J]. 教学与管理, 3: 12-15.

罗刚, 2013. 基于近自然林业方法改造天然中低产林问题初探 [J]. 内蒙古林业调查设计, 36 (6): 41-43.

吕丰娟, 肖运萍, 汪瑞清, 等, 2020. 连作对不同抗性芝麻根系分泌物中酚酸类物质含量的影响及其化感作用 [J]. 江西农业学报, 32 (4): 1-8.

吕福基, 李正红, 陈荣贵, 等, 1999. 直干桉能源林高效经营技术及其多效益研究 [J]. 四川林勘设计 (3): 8-13.

吕学辉, 魏巍, 陈诗, 等, 2012. 云南松优良家系超级苗选择研究 [J]. 云南大学学报 (自然科学版), 34 (1): 113-119.

马常耕, 1986. 无性系林业与无性系育种 [J]. 湖南林业科技 (3): 1-8.

马常耕, 1989. 无性系林业: 工业人工林世界潮流新营林体系 [J]. 世界林业研究 (1): 1-19.

马常耕, 1991. 世界林木遗传改良研究水平与趋势 [J]. 世界林业研究 (1): 85-87.

马常耕, 1994. 世界松类无性系林业发展策略和现状 [J]. 世界林业研究 (2): 11-18.

马常耕, 1996. 世界加速林木育种轮回研究的现状 [J]. 世界林业研究 (6): 15-23.

马红叶, 潘学军, 张文娥, 2020. 林木凋落物分解及其化感作用研究进展 [J]. 贵州农业科学, 48 (10): 97-101.

马文元, 2016. 三北防护林林分退化及更新改造调研报告 (一) [J]. 林业实用技术 (3): 10-15.

马文志, 2020. 石漠化区域造林树种的选择分析 [J]. 林业园艺, 165-166.

马祥庆, 范少辉, 刘爱琴, 等, 2000. 不同栽植代数杉木人工林土壤肥力的比较研究 [J]. 林业科学研究, 13 (6): 577-582.

马祥庆, 黄宝龙, 1997. 人工林地力衰退研究综述 [J]. 南京林业大学学报, 21 (2): 77-82.

马燕玲, 1989. 森林衰退之谜 [J]. 国外林业 (1): 14-18.

梅立新, 2019. "近自然林业" 经营理念在森林可持续经营中的应用分析 [J]. 新农业 (1): 27-28.

苗婷婷, 吴中能, 于一苏, 等, 2019. 安庆地区杨树优良无性系选育初报 [J]. 四川林业科技, 40 (5): 78-82.

宁苓, 2018. 浅析沙棘外植体污染问题的原因和防控措施 [J]. 现代园艺, 11: 179.

裴保华, 陈绍光, 王庆军, 1994. 741杨耐旱性的研究 [J]. 河北林学院学报 (4): 282-287.

彭方仁, 1990. 无性繁殖的进展及其在无性系林业中的应用前景 [J]. 世界林业研究 (4): 74-81.

彭少麟，邵华，2001. 化感作用的研究意义及发展前景 [J]. 应用生态学报，12（5）：780-786.

齐明，2007. 我国杉木无性系选育的成就、问题和对策 [J]. 世界林业研究，20（6）：50-55.

秦光华，宋玉民，乔玉玲，等，2018. 瑞典生物质能源发展及柳树能源林研究 [J]. 吉林林业科技，47（5）：31-33.

任辉丽，2015. 植物组培技术常见问题及其预防措施 [J]. 南方农业，9（36）：20-21.

邵文豪，岳华峰，姜景民，等，2012. 不同种源无患子苗期生长性状遗传变异研究 [J]. 浙江林业科技，32（1）：21-25.

佘小涵，2002. 直杆蓝桉组织培养繁殖育苗试验研究 [J]. 福建林业科技（3）：26-29.

沈国舫，2001. 森林培育学 [M]. 北京：中国林业出版社．

沈海龙，2009. 苗木培育学 [M]. 北京：中国林业出版社．

沈照仁，1994. 人工造林与持续经营 [J]. 世界林业研究（4）：8-13.

师小平，陈银萍，闫志强，等，2020. 植物化感作用研究进展 [J]. 生物技术通讯，36（6）：215-222.

时正伦，2019. 生物炭基复合肥对桑树枝叶特性及热值的影响研究 [D]. 南京：南京林业大学．

史威威，董宽虎，侯志兵，等，2007. PEG6000引发对白羊草种子发芽的影响 [J]. 草原与草坪（6）：26-28.

束传林，黄永祥，蔡年辉，等，2007. 云南松林近自然化采伐的改造效果 [J]. 陕西林业科技（2）：14-17.

宋耘，2018. 哈佛商学院"案例教学"的教学设计与组织实施 [J]. 高教探索（7）：43-47.

苏奇，2018. 轻基质网袋育苗在林业生产中的意义分析 [J]. 林业科技情报，50（3）：42-44.

孙广仁，张启昌，于幅平，2008. 森林培育学网络课程建设的研究 [J]. 创新教育，145.

孙蕊，2014. 云南省生物质能源林建设现状与发展对策 [J]. 林业建设（3）：34-36.

孙玉红，2019. 案例教学的本质理解与特征分析 [J]. 教学研究，1：74-75.

太佩荣，2021. 石漠化治理的对策及造林技术 [J]. 花卉（1）：237-238.

覃林海，韦素婕，王芳，等，2017. 不同培养基对红心杉组培苗增殖及其生理的影响 [J]. 西北林学院学报，32（3）：122-127.

覃忠义，高成杰，刘方炎，2018. 金沙江干热河谷能源林树种及其培育技术 [J]. 绿色科技（9）：128-132.

田鹏飞，朱旭飞，童甜甜，等，2018. 林木植物组织培养及存在问题的研究进展 [J]. 南方农业，12（33）：142-143.

涂璟，王克勤，2003. 旱区径流林业的现状及其相关技术的研究进展 [J]. 云南林业科技（2）：80-85.

万劲，方升佐，2006. 能源林的发展概述 [J]. 现代农业科技（10）：14-17.

汪清锐, 2018. 德国近自然森林经营综述 [J]. 植物医生, 31 (9): 28-29.

王百田, 2010. 林业生态工程学 [M]. 3版. 北京: 中国林业出版社.

王斌瑞, 1996. 黄土高原径流林业 [M]. 北京: 中国林业出版社.

王斌瑞, 罗彩霞, 王克勤, 等, 1997. 国内外土壤蓄水保墒技术研究动态 [J]. 世界林业研究（2）: 37-43.

王斌瑞, 王百田, 2001. 黄土高原径流林业 [M]. 北京: 中国林业出版社.

王斌瑞, 王百田, 张府娥, 1996. 黄土高原径流林业技术研究 [J]. 林业科技通讯 (9): 13-15.

王秉放, 2013. 文冠果生物质能源林培育技术 [J]. 科技信息 (34): 268-269.

王国梁, 刘国彬, 周生路, 2003. 黄土高原土壤干层研究述评 [J]. 水土保持学报, 17 (6): 156-159.

王华玉, 沈勤元, 臧建立, 等, 2012. 发展无性系林业的生物学障碍及对策 [J]. 河北林业科技 (1): 59-60.

王纪忠, 蒋婷婷, 朱丽丽, 2012. 植物组培技术存在的问题及解决方法 [J]. 现代农业科技 (20): 166-167.

王进鑫, 黄宝龙, 2000. 世界旱区径流林业的研究进展 [J]. 南京林业大学学报, 24 (3): 5-10.

王进鑫, 余清珠, 高文秀, 等, 1992. 半干旱黄土丘陵沟壑区造林整地工程集流分析 [J]. 西北林学院学报, 7 (2): 45-49.

王磊, 张劲峰, 马建忠, 等, 2018. 云南松及其林分退化现状与生态系统功能研究进展 [J]. 西部林业科学, 47 (6): 121-130.

王明麻, 1993. 论无性系林业的概念和应用 [J]. 南京林业大学学报 (1): 1-5.

王能超, 2019. 能源林采伐收集作业装置设计 [D]. 北京: 北京林业大学.

王钦美, 崔建国, 于长志, 等, 2017. 案例教学在林学专业遗传学教学中的应用 [J]. 遗传 (10): 939-946.

王少怀, 安凤则, 王天民, 2000. 试论落叶松接近自然林改培工程 [J]. 林业勘查设计, 114 (2): 34-35.

王树力, 葛剑平, 刘吉青, 2000. 红松人工用材林近自然经营技术的研究 [J]. 东北林业大学学报, 28 (3): 22-25.

王晓丽, 2019. 材用云南松种质保存库构建及原地保存策略研究 [D]. 北京: 中国林业科学研究院.

王晓丽, 曹子林, 李根前, 2008. 超干处理对蓝桉种子发芽及生理生化特性的影响 [J]. 西北林学院学报, 23 (3): 33-35.

王晓丽，曹子林，朱霞，2009. 超干燥贮藏对蓝桉种子发芽及生理生化特性的影响 [J]. 安徽农业科学，37（32）：16087-16089.

王晓丽，曹子林，朱霞，2010a. 紫茎泽兰不同处理方法水提液对蓝桉种子发芽的化感效应 [J]. 云南大学学报（自然科学版），32（3）：346-351.

王晓丽，曹子林，朱霞，2010b. 旱冬瓜乙醇乙醚提取液对云南松种子发芽的化感效应 [J]. 西南林学院学报，30（4）：21-23.

王晓丽，曹子林，朱霞，2010c. 旱冬瓜乙醇乙醚提取液对云南松种子发芽后幼苗生长的化感效应 [J]. 湖北农业科学，49（2）：387-389.

王晓丽，曹子林，朱霞，2012a. 旱冬瓜水提液对云南松幼苗生长的化感效应 [J]. 甘肃农业大学学报，47（2）：76-79.

王晓丽，曹子林，朱霞，2012b. 旱冬瓜水提液对云南松种子萌发化感效应的生理机理研究 [J]. 安徽农业科学，40（5）：2739-2741.

王晓丽，黄红福，韦文长，等，2019a. 蓝桉超级苗组培快繁技术体系研究 [J]. 云南大学学报（自然科学版），41（5）：1038-1046.

王晓丽，孙继瑞，韦文长，等，2019b. 直干桉超级苗组培快繁技术体系研究 [J]. 西北林学院学报，34（4）：131-138.

王晓丽，徐志鸿，韦文长，等，2019. 干旱胁迫对云南松苗木生长及碳酸酐酶的影响 [J]. 山东农业大学学报（自然科学版），50（1）：6-11.

王晓丽，曹子林，李昆，等，2020a. 材用云南松种质资源保存与评价 [M]. 北京：中国林业出版社.

王晓丽，杨燕，俸桂莲，等，2020b. 油用蓝桉优良单株早期选择研究 [J]. 种子，39（12）：120-124.

王晓丽，杨再国，曹梦涵，等，2018. 蓝桉及直干桉超级苗初步选择研究 [J]. 西南林业大学学报，38（4）：89-93.

王晓茹，2011. 黄连木果实发育以及果实中油体的形成 [D]. 西安：西北大学.

王秀花，吴小林，张东北，等，2019. 杉木轻基质网袋容器苗圃地育苗技术 [J]. 种子科技，37（2）：70-71.

王彦荣，张建全，刘慧霞，等，2004. PEG 引发紫花苜蓿和沙打旺种子的生理生态效应 [J]. 生态学报（3）：402-408.

王艳军，陈爱桃，王桂鑫，等，2020. 借力人工林近自然化经营保障大树携景进城 [J]. 甘肃林业科技，45（3）：23-26.

王耀辉，李雯，贺有德，等，2014. 油茶轻基质网袋容器苗"一步法"培育及"鸡窝型"造林技术 [J]. 林业实用技术（9）：31-34.

王胤，姚瑞玲，2019.马尾松组培苗的造林成效[J].东北林业大学学报，47（11）：38-41.

韦传慧，2019.景观学课程中案例教学的思考[J].绿色科技（11）：306-307.

文彬，2008.试论种子顽拗性的复合数量性状特征[J].云南植物研究，30（1）：76-88.

文彬，2011.植物种质资源超低温保存概述[J].植物分类与资源学报，33（3）：311-329.

巫佳黎，余国民，徐肇友，等，2014.红叶石楠轻基质网袋容器育苗技术[J].浙江林业科技，34（2）：53-55.

吴丽圆，刘云彩，陈芳，等，1996.蓝桉组织培养的研究[J].云南林业科技（3）：19-24.

吴清林，2020.石漠化环境"五水"赋存转化与混农林业高效利用模式[D].贵阳：贵州师范大学.

吴琼，2009.我国小桐子能源利用的现状及潜力评价[D].北京：北京林业大学.

吴淑芳，冯浩，吴普特，2007.干旱半干旱地区径流林业研究进展[J].西北农林科技大学学报（自然科学版），35（4）：150-154.

吴祥云，姜凤岐，李晓丹，等，2004.樟子松人工固沙林衰退的主要特征[J].应用生态学报，15（12）：2221-2224.

吴晓华，2016.杉木轻基质网袋容器苗造林对幼林生长的效应[J].林业勘察设计（2）：74-77.

伍丙德，郭佳永，王晓丽，等，2018.紫茎泽兰根脱毒腐解后在蓝桉育苗中的应用研究[J].江西农业大学学报，40（3）：545-552.

武兆昕，2020.西芹腐根物质2次醇层物化感物质的分离、鉴定及其对Foc诱导抗性的研究[D].呼和浩特：内蒙古农业大学.

武志海，迟丽华，边少峰，等，2007.等离子体处理对玉米幼苗抗逆性的影响[J].玉米科学，15（5）：111-113.

肖巍，2018.乔木树种植物组织培养问题研究[J].江西农业（8）：34-35.

谢耀坚，2000.桉树组织培养研究进展[J].世界林业研究，13（6）：14-19.

谢耀坚，2003.中国桉树人工林可持续经营战略初探[J].世界林业研究，16（5）：58-61.

谢志亮，吴振旺，2013.木本植物组培褐化研究进展[J].中国南方果树，42（5）：42-46.

邢燕，王吉庆，菅广宇，等，2009.不同引发剂处理对西瓜种子萌发及生理特性的影响[J].中国农学通报，25（11）：133-136.

徐立群，张佳琪，2014.张家口市坝上地区杨树防护林现状及对策研究[J].河北林业科技（4）：69-71.

徐志，孙松平，王亚磊，2014.我国能源林及木质能源利用状况[J].绿色科技（5）：286-287.

许传森，2019a.生物质轻基质网袋容器研究及应用[J].中国林业产业（4）：37-40.

许传森，2019b.生物质复合轻基质与容器育苗综合新技术为乡村振兴和产业发展提供科技

支撑 [J]. 林业科技通讯（1）：28-31.

许根慧，姜恩永，盛京，等，2006. 等离子体技术与应用 [M]. 北京：化学工业出版社.

许娜，沙红，杜坤，等，2015. 马褂木轻基质网袋容器育苗技术 [J]. 林业科技通讯（9）：43-44.

许洋，许传森，2006. 主要造林树种网袋容器育苗轻基质技术 [J]. 林业实用技术（10）：37-40.

许宇星，陈少雄，2012. 能源林发展现状以及研究方向 [J]. 桉树科技，29（3）：48-52.

许玉兰，2015. 云南松天然群体遗传变异研究 [D]. 北京：北京林业大学.

晏福宝，2018. 案例教学的"体"与"用"之道 [J]. 宁波大学学报（教育科学版），40（6）：94-98.

杨传贵，焦志延，2000. 关于森林衰退与大气污染关系的研究概述 [J]. 世界环境（2）：45-48.

杨峰，刘代亿，夏绍辉，2009. 松类针叶树走无性系道路存在的障碍及克服的途径 [J]. 林业调查规划，34（2）：127-130.

杨海军，孙立达，余新晓，1993. 晋西黄土区水土保持林水量平衡的研究 [J]. 北京林业大学学报（3）：42-50.

杨会侠，汪思龙，范冰，等，2010. 不同林龄马尾松人工林年凋落量与养分归还动态 [J]. 生态学杂志，29（12）：2334-2340.

杨琴军，陈光富，刘秀群，等，2009. 湖北星斗山台湾杉居群的遗传多样性研究 [J]. 广西植物，29（4）：450-454.

杨顺林，范月清，2006. 麻疯树资源的分布及综合开发利用前景 [J]. 西南农业学报（19）：447-452.

杨晓，王熙龙，刘金强，2009. 豫西南黄连木高产林培育和低产成林改造 [J]. 中国林副特产，1：51-53.

杨延青，郑智礼，杨飞，等，2018. 杨树短轮伐研究现状 [J]. 山西林业科技，47（1）：28-31.

杨玉盛，何宗明，陈光水，等，2001. 杉木多代连栽后土壤肥力变化 [J]. 土壤与环境，10（1）：33-38.

杨玉盛，邱仁辉，俞新妥，等，1997. 杉木连栽土壤微生物及生化特性的研究 [J]. 生物多样性，7（1）：1-7.

姚茂和，盛炜彤，熊有强，1991. 林下植被对杉木林地力的影响研究 [J]. 林业科学，27（6）：644-647.

叶镜中，邵锦峰，王佳馨，1990. 炼山对土壤理化性质的影响 [J]. 南京林业大学学报，14（4）：1-7.

尹美强，郭平毅，温银元，等，2010. 磁化等离子体处理大豆种子的生物学效应 [J]. 核农学报，24（3）：470-475.

尹柞栋，郭省吾，1994. 径流林业——旱塬曙光 [J]. 甘肃林业科技（3）：45-48.

余新晓，1995. 土壤水分动力学及其应用 [M]. 北京：中国林业出版社.

余雪标，陈秋波，王尚明，等，1998. 人工林地力衰退研究与防治对策 [J]. 热带作物学报（3）：81-88.

余雪标，李维国，1997. 我国热区土地退化问题及持续发展对策 [J]. 海南大学学报（自然科学版），15（3）：223-227.

余阳，张洪，2020. 杂草浸提液提取方法初探 [J]. 安徽农学通报，26（16）：146-148.

俞元春，邓西海，盛炜彤，等，2000. 杉木连栽对土壤物理性质的影响 [J]. 南京林业大学学报，24（6）：36-40.

云南省林业科学研究所，1985. 云南主要树种造林技术 [M]. 昆明：云南人民出版社.

云南省林业厅，1996. 云南主要林木种质资源 [M]. 昆明：云南科技出版社.

翟大才，2003. 林木无性繁殖及其在林业生产中的应用进展 [J]. 江苏林业科技，30（5）：46-49.

张鼎华，叶章发，王伯雄，2001. "近自然林业"经营法在杉木人工幼林经营中的应用 [J]. 应用与环境生物学报，7（3）：219-223.

张凡，2019. 微地形改造径流调控技术对坡面蓄流能力及稳定性的影响 [D]. 北京：北京林业大学.

张海娇，张耀川，白素兰，2018. 超干的玉米种子在加速老化过程中生理生化指标的变化 [J]. 安徽农业科学，46（33）：1-4.

张红岩，陈州，王丹，等，2018. 林木组织培养技术研究现状 [J]. 吉林农业（19）：109-110.

张宏平，姬爱国，和林涛，2013. 植物组培快繁褐化现象研究进展 [J]. 农业工程，3（5）：128-132.

张建国，许洋，许传森，2007. 网袋容器育苗新技术 [M]. 北京：科学出版社.

张立恭，1997. 干热河谷发展径流林业的潜力 [J]. 四川林勘设计（3）：29-31.

张丽华，边少锋，方向前，等，2007. 等离子体种子处理对水稻生物学性状及产量的影响 [J]. 吉林农业科学，32（2）：16-18.

张禄，2020. 百里香化感作用在植物病虫害防治上的应用研究 [J]. 现代农业（3）：7-9.

张全峰，宋熙龙，2012. 杨树速生丰产林生产技术 [J]. 河北科技报（6）：1-2.

张荣贵，李思广，蒋云东，2007. 云南的桉树引种及对其发展状况的剖析 [J]. 西部林业科学，36（3）：98-102.

张爽，2020. 臭椿和甘草化感作用次生代谢产物与机制研究 [D]. 青岛：青岛大学.

张小全,侯振宏,2003. 森林退化、森林管理、植被破坏和恢复的定义与碳计量问题 [J]. 林业科学,39(4):140-144.

张晓玲,温丽霞,朱弘,2011. 论我国发展林木生物质能源的潜力和对策 [J]. 防护林科技(3):88-89.

张晓宁,黄宁,覃子海,等,2020. 无菌马尾松种子超低温保存技术研究 [J]. 广西植物,40(7):935-943.

张艳华,方升佐,田野,等,2020. 无性系和株行距对杨树人工林生长和树冠结构的影响 [J]. 中南林业科技大学学报,40(5):13-19.

张永桥,王自全,萧增新,2014. 陆良县桉树经营方略初探 [J]. 绿色科技(9):56-57.

张云,周跃华,常恩福,2010. 云南省石漠化问题初探 [J]. 林业经济(5):72-74.

张樟德,2008. 桉树人工林的发展与可持续经营 [J]. 林业科学,44(7):97-101.

张中峰,张金池,周龙武,等,2018. 丛枝菌根真菌对石漠化地区造林苗木生长的影响 [J]. 生态学杂志,37(10):2927-2934.

张忠华,胡刚,梁士楚,等,2007. 桂林岩溶石山阴香种群的年龄结构 [J]. 生态学杂志,26(2):159-164.

赵福庚,何龙飞,罗庆云,2004. 植物逆境生理生态学 [M]. 北京:化学工业出版社.

赵克昌,丁学儒,1992. 兰州北山降雨特征及集流效果分析——干旱造林研究之一 [J]. 甘肃林业科技(3):1-5.

赵林峰,高建亮,刘金林,等,2017. 杉木优良无性系最早选择年龄和营林增益 [J]. 分子植物育种,15(1):384-392.

赵秀华,2019. 案例教学三步曲 [J]. 学教一得(1):66-67.

赵绪生,齐永志,闫翠梅,等,2020. 小麦、玉米两熟秸秆还田土壤中6种有机酸对小麦纹枯病的化感作用 [J]. 中国农业科学,53(15):3095-3107.

赵跃平,燕平梅,邢勇,等,2012. 作物种子超低温保存方法的构建 [J]. 种子科技,30(9):27-30.

郑健,2017."森林培育学"课程教学改革与实践 [J]. 教育教学论坛(16):129-130.

中国科学院昆明植物研究所,1986. 云南植物志(第四卷):种子植物 [M]. 北京:科学出版社.

中国科学院中国植物志编辑委员会,1978. 中国植物志(第7卷)[M]. 北京:科学出版社.

钟少伟,杨逸廷,何贤勤,等,2014. 德国林业概况及其可借鉴的经验 [J]. 湖南林业科技,41(2):69-73.

周飞梅,马旺彦,2020. 德国"近自然林业"的借鉴之处及中国化发展措施 [J]. 防护林科技(7):41-42,64.

周海明, 2014. 对近自然林业理论的诠释和我国林业建设的几项分析 [J]. 现代园艺（5）: 12.

周华, 2014. 黑龙江省杨树人工林衰退原因及发展对策 [J]. 现代农村科技（7）: 42-43.

周天相, 2008. 杉木无性系造林获大幅度增产 [J]. 林业实用技术（6）: 48.

周晓果, 李隽宜, 朱宏光, 等, 2017. 不同石漠化治理模式的造林保存率及幼林生长分析 [J]. 广西科学, 24（2）: 175-181.

朱国荣, 2018. 德国近自然森林经营技术要点 [J]. 安徽林业科技, 44（3）: 29-30.

朱教君, 李凤芹, 2007. 森林退化/衰退的理论与实践 [J]. 应用生态学报, 18（7）: 1601-1609.

朱伟, 2014. 史密斯桉轻基质网袋容器育苗技术 [J]. 绿色科技（11）: 103-104.

朱之悌, 1986. 树木的无性繁殖与无性系育种 [J]. 林业科学, 22（3）: 280-290.

Aldon E F, H W Sprinfield, 1975. Using paraffin and po－lyethylene to harvest water for growing shrubs[A]. In: Proc Water Harvesting Symposium[C].G W Frasier (ed.) USDA, AR-W-22: 251-257.

Angiras N N, Singh S D, Singh C M, 1988. Allelopathic effects of weeds on germinatin and seedling growth of maize and soybean[J]. Indian J. Weed Science, 20（2）: 82-87.

Angiras N N, Singh S D, Singh C M, 1989. Allelopathic effects of some weeds on germinatin and seedling growth of chickpea (*Cicer arietin L.*) maize and soybean[J]. Indian J. Weed Science, 21（1）: 85-87.

Bonner F T, 1990. Storage of seeds: Potential and limitation for germplasm conservation[J]. Forest Ecolog Manag（35）: 35-43.

Corredoira E, Ballester A, Ibarra M et al., 2015. Induction of somatic embryogenesis in explants of shoot cultures established from adult Eucalyptus globulus and *E. saligna × E. maidenii* trees[J]. Tree Physiology, 35（6）: 1-13.

Ellis R H, Hong T D, Roberts E H, 1990. An intermediate category of seed storage behaviour Ⅰ. Coffee[J]. J Exper Bot（41）: 1167-1174.

Ellis R H, Hong T D, Roberts E H, 1991. An intermediate category of seed storage behaviour Ⅱ. Effects of provenance, immaturity and imbibion on desiccation-tolerance in Coffee[J]. Exper Bot（42）: 653-657.

Evans J, 1990. Long-term productivity of forest plantation status in 1990[C]//The International Uion of Fores Research Organization. The 19th World Congress Proceedings（1）: 165-180.

Fink D H, Frasier G W, Cooley K R, 1981. Water harvesty by wax-treated soil Surface: Progress, Problem, and potannal [J]. Agric Water Manage（3）: 125-134.

Fink D H, 1984. Paraffin-wax water-harvestin; soil treatment improved with antistripping agents[J]. Soil Science, 138（1）: 46-53.

Frasier G W, Dutt G R, Fink D H, 1987. Sodium salt trea- ted catchments for water harvesting[J]. Trans of the ASAE, 30（3）: 658-664.

He A J, Liu L H, 1990. Effect of water extract of Eupatorium om the germination of several plants[J].Chinese Journal of Weed Science, 4（4）: 35-38.

Heathman G C, Larose M, Cosh M H, 2009. Surface and profile soil moisture spatio-temporal analysis during an excessive rainfall period in the Southern Great Plains, USA[J]. Catena, 78（2）: 159-169.

Mickelson R H, 1975. Performance and Durability of Sheet Metal, Butyl Rubber, Asphalt Roofing and Bentonite for Harvesting Precipitation[C].In : Proc Water Harvesting Symposium, Phoenix Al : izona, ARS W-22.

Myers L E, Frasier G W, 1974. Asphalt-fiberglass for precipitation catchments[J].J Range Management, 27: 12-14.

Nilgard B, 1985. The ammonium hypothesis - an additional explanation to the forest die-back in Europe[J]. Ambio, 14: 1-8.

Pearson J, Stewart G R, 1993. The deposition of atmospheric ammonia and its effects on plants[J]. New Phytol, 125: 283-305.

Rice E L, 1984. Allelopathy[M].Orlando Florida : Academic Press.

Rice E L, Allelopathy, 1984. Physiological Ecology : A Series of Monographs, Texts, and Treaties. 2nd Edition[M]. Orlando : Academic Press Inc.

Roberts E H, 1973. Predicting the storage life of seeds[J].Seed Sci & Technol（1）: 499-514.

Roelofs J G M, Kempers A J, Houdijk L F M, et al., 1985. The effect of airborne ammonium sulphate on Pinus nigra var. maritima in the Netherlands[J]. Plant Soil（84）: 45-56.

Schulze E D, 1989. Air pollution and forest decline in a spruce（*Picea abies*）forest[J]. Science（244）: 776-783.

Sharma E, Ambasbt R S, 1994. Seasonal variation in nitrogen fixation by different ages root nodules of Alnus nepalesis plantations eastern Himalayas[J]. Journal of Applied Ecology, 21（1）: 265-270.

VAN B N, 1982. Genesis morphology and classification of acid sulfate soils in coastal plains[M]. In: KITTRICK J A, et al., Acid sulfate weathering. Madison, WI: Soil Science Society of America. SSSA Special Publication.

Wang X L, Kong X N, Zhao Y W, et al., 2020. The endomycorrhizal fungal species and their effects on the growth and nutrient characteristics of *Eucalyptus maidenii* seedlings in China[J]. Dendrobiology（83）：85-95.

Waseem M, Mohammad B S, Khalid R H, 2020. Allelopathypotential for green agriculture[M]. Springer.

Yadav A S, Tripathi R S, 1984. Effect of associated species on 3 Eupatorium species[J]. India J Ecal, 11（2）：190-196.